Führungskräfte und betriebliche Mitbestimmung

Arbeit – Interessen – Partizipation

Herausgegeben von Ludger Pries and Rainer Trinczek

Band 5

Ludger Pries ist Inhaber des Lehrstuhls Soziologie/Organisation, Migration, Mitbestimmung an der Ruhr-Universität Bochum. *Fabian Hoose* und *Sebastian Jeworutzki* sind dort wissenschaftliche Mitarbeiter.

Fabian Hoose, Sebastian Jeworutzki, Ludger Pries

Führungskräfte und betriebliche Mitbestimmung

Zur Praxis der Partizipation am Beispiel der chemischen Industrie

Campus Verlag
Frankfurt/New York

Führungskräfte
Chemie

Gedruckt mit Unterstützung des VAA – Führungskräfte Chemie, dem mit 27.000 Mitgliedern aller Berufsgruppen in der chemischen und pharmazeutischen Industrie größten Führungskräfteverband Deutschlands. Die vorliegende Studie ist auf Anregung des Verbandes entstanden, der dank seines hohen Organisationsgrades bei Führungskräften in der Chemie den Feldzugang für die Untersuchung ermöglichen konnte.

Editorische Notiz:
Die Datenbasis der Studie lieferte eine Befragung von 1.595 Führungskräften. Den entsprechenden Fragebogen finden Sie unter www.campus.de/isbn/9783593388786

Bibliografische Information der Deutschen Nationalbibliothek
Die Deutsche Nationalbibliothek verzeichnet diese Publikation in der Deutschen Nationalbibliografie; detaillierte bibliografische Daten sind im Internet unter http://dnb.d-nb.de abrufbar.
ISBN 978-3-593-38878-6

Druck und Bindung: PRISMA Verlagsdruckerei GmbH
Gedruckt auf säurefreiem und chlorfrei gebleichtem Papier.
Printed in Germany

Besuchen Sie uns im Internet: www.campus.de

Inhalt

Vorwort

Von Einigen werden sie als Leistungselite und Verantwortungsträger gelobt, von Anderen werden sie als beinharte Rationalisierer und eiskalte Karrieremenschen kritisiert. Wie aber denken Fach- und Führungskräfte selbst über ihre Arbeit? Welche Arbeitsorientierungen sind für sie typisch? Zwischen den Anforderungen der Unternehmen und den Erwartungen der Beschäftigten bewegen sie sich in einem komplexen Spannungsfeld unterschiedlicher Interessen. Welche Vorstellungen haben sie über die Vertretung ihrer eigenen Interessen? Wie stehen sie zu den institutionalisierten Formen kollektiver Interessenvertretung, etwa durch Betriebsräte und Sprecherausschüsse? Wie stehen Fach- und Führungskräfte zur betrieblichen Mitbestimmung und welche Erwartungen haben sie im Hinblick auf ihre eigene Partizipation an Unternehmensentscheidungen?

Diese und weitere Fragen werden in diesem Buch auf der Grundlage einer repräsentativen Befragung von Fach- und Führungskräften der chemischen Industrie behandelt. Bislang lagen nur Untersuchungen auf Basis qualitativer Fallstudien und kleiner Fallzahlen vor. Für die chemische Industrie als einer der wichtigsten Branchen der deutschen Wirtschaft können damit erstmalig in dieser Breite und Tiefe wissenschaftlich abgesicherte Aussagen über die Arbeits- und Partizipationsorientierungen von Fach- und Führungskräften gemacht werden.

Ermöglicht wurde diese Studie durch eine fruchtbare Zusammenarbeit zwischen dem Verband angestellter Akademiker und leitender Angestellter der chemischen Industrie e.V. (VAA) und dem Lehrstuhl Soziologie/Organisation, Migration, Mitbestimmung (Prof. Dr. Ludger Pries) der Ruhr-Universität Bochum. Wir möchten an dieser Stelle ganz besonders dem ersten Vorsitzenden des Verbandes Dr. Thomas Fischer, dem Hauptgeschäftsführer Gerhard Kronisch und dem Mitarbeiter der Geschäftsführung Dr. Martin Kraushaar für die finanzielle Unterstützung und die sehr gute Zusammenarbeit danken.

Zu Dank verpflichtet sind wir desweiteren besonders Dr. Peter Ittermann, der das Projekt zu Beginn mitentwickelte, leitete und inhaltlich stets begleitete. Ohne diesen Beitrag wären die hiermit vorgelegten Ergebnisse nicht zustande gekommen. Auch später machte er, ebenso wie Dr. Jörg Abel, viele hilfreiche Kommentare und Vorschläge.

Eine quantitative Befragung kann stets nur so gut sein, wie es der durch sie generierte Datensatz zulässt. Wir müssen uns daher an dieser Stelle ganz herzlich bei allen Teilnehmern an der Befragung bedanken! Sie alle nahmen sich die Zeit, um den zum Teil umfangreichen Fragebogen gewissenhaft auszufüllen. Die Qualität der erhaltenen 1.597 Rückantworten hat dieses Buch und die Ergebnisse der Studie überhaupt erst möglich gemacht. Der erzielte Rücklauf von 31 Prozent hat uns dabei sehr gefreut und trägt maßgeblich zur Qualität der erzielten Ergebnisse bei. Bei der Eingabe der Fragebögen haben uns Jessica Buchholz und Frank Borchers tatkräftig unterstützt, denen wir hiermit unseren Dank aussprechen möchten.

Im Vorfeld unserer schriftlichen Befragung konnten wir durch einige Experteninterviews und Gespräche mit verschiedenen Verbandsmitgliedern wichtige Hinweise, ergänzende Vorschläge und Einblicke in die Welt der chemischen Industrie, des Führungskräftebereiches und auch des Führungskräfteverbands VAA erhalten. Die in diesen Gesprächen gewonnenen Eindrücke konnten wesentlich das Verständnis für die von uns später vorgefundenen Ergebnisse der quantitativen Auswertungen stärken. Allen an den der Interviews Beteiligten möchten wir daher unseren Dank aussprechen.

Auf gemeinsamen Workshops mit Mitgliedern des VAA konnten bereits zu frühen Zeitpunkten der Auswertung erste Rückkopplungen und Einschätzungen aus der Praxis gewonnen werden. So konnten schon während der Auswertung wichtige Einwürfe, interessante Denkanstöße und mögliche Interpretationen aus dritter Perspektive einfließen. Auch diese Hinweise haben wir im weiteren Projektverlauf gerne aufgenommen.

Ausdrücklich bedanken möchten wir uns auch bei den übrigen Mitarbeitern des Lehrstuhls. Für vielfältige Anregungen, hilfreiche Kritik sowie sonstige Unterstützung gilt unser Dank hier vor allem Axel Hauser-Ditz, Sophie Rosenbohm und Luitpold Rampeltshammer. Nicht zuletzt geht ein großes Dankeschön auch an Susanne Axt-Sokolowski, die uns stets in administrativer und organisatorischer Hinsicht helfen konnte sowie an Julia Jagoda für die Durchsicht des Manuskriptes. Für die erfolgreiche und reibungslose Durchführung des Projektes war die Hilfe der Kollegen von besonderer Bedeutung. Alle Danksagungen sollen die Tatsache nicht relativieren, dass für die hiermit veröffentlichten Auswertungen und Ergebnisse ausschließlich die Autoren verantwortlich sind.

Bochum, im März 2009 Die Autoren

1 Führungskräfte im Spannungsfeld

Seit jeher befinden sich Fach- und Führungskräfte[1] in der Wirtschaft in einem schwierigen Spagat. Sie sollen einerseits im Auftrag der Unternehmensleitung Geschäfte und Menschen führen, andererseits sind sie abhängig beschäftigt wie die anderen Arbeitnehmer in den Betrieben auch. Von Seiten der Eigentümer und Shareholder werden sie nicht selten kritisch beäugt. Denn auch wenn sie sich voll im Unternehmensinteresse engagieren, verfolgen sie immer auch eigene Interessen, die mitunter nicht vollständig mit den Unternehmenszielen übereinstimmen. Bereits in der ersten Hälfte des 20. Jahrhunderts sprach Adolf August Berle von der neuen Managerklasse, die Macht ausübe, ohne Eigentum zu besitzen.

Auch von Seiten der Arbeitnehmer und ihrer Gewerkschaften wurden die Führungskräfte meistens misstrauisch behandelt. Schon Karl Marx hatte sie als »Charaktermasken des Kapitals« bezeichnet. Obwohl in den immer größer werdenden Unternehmen des 20. Jahrhunderts zu hunderten und tausenden in den großen Betrieben angestellt, wurden die Fach- und Führungskräfte doch aus den Strukturen kollektiver Interessenvertretung durch Gewerkschaften und betriebliche Interessenvertretungen zunächst fast vollständig ausgegrenzt. Die Gewerkschaften sahen in ihnen meistens zu unsichere Kantonisten für eine klassenorientierte oder auf kämpferische Auseinandersetzungen ausgerichtete Interessenpolitik.

Aufgespannt zwischen den Lebenslagen und Interessen anderer sozialer Gruppen wie der Unternehmer und der Lohnabhängigen steht die Kategorie Fach- und Führungskräfte selbst bei genauerer Betrachtung für eine äußerst heterogene Gruppe. Sie reicht von den formal abhängig beschäftigten Mitgliedern von Geschäftsleitungen und Vorständen über die leitenden Angestellten mit Prokura bis hin zu den anderen außertariflichen Ange-

1 Mit den Begriffen »Fach- und Führungskräfte« werden hier alle abhängig Beschäftigten des außertariflichen Bereichs verstanden. Eine genauere Abgrenzung dieser Gruppe findet sich in Kapitel 3.

stellten, die nur in begrenztem Umfang Führungsaufgaben und Personalverantwortung wahrnehmen. Führungskräfte werden nicht als solche geboren, der Anteil der Führungsaufgaben steigt im Verlauf des Berufslebens. Sie kennen also durchaus die Bedingungen, Interessen und Erwartungen der anderen Arbeitnehmer in ihren Organisationen. Sie haben auch selbst Erfahrungen in der individuellen oder kollektiven Vertretung ihrer Interessen gemacht. In großen Unternehmen wurden sie als Arbeiter oder Angestellte teilweise viele Jahre nach tarifvertraglichen Bestimmungen entlohnt, vielfach auch waren sie in einer Gewerkschaft organisiert. Nach Eintritt in eine Führungsposition behalten sie diese Mitgliedschaft nicht selten bei und/oder treten einem Fachgruppenverband wie dem Verband angestellter Akademiker und leitender Angestellter der chemischen Industrie e.V. (VAA) bei. Fach- und Führungskräfte haben also in aller Regel auch Erfahrungen mit den betrieblichen und unternehmensbezogenen Formen der Mitbestimmung und Arbeitnehmerpartizipation gemacht.

Das Spannungsfeld, in dem Führungskräfte zwischen Arbeitgeberrolle und Arbeitnehmerposition sich bewegen, hat sich nun in den letzten zwanzig Jahren nicht gelockert, sonder eher noch verschärft. Die Aufgaben sowie die Arbeits- und Beschäftigungsbedingungen von Führungskräften haben sich erheblich gewandelt. Die Globalisierung von Wertschöpfungsketten, die zunehmende Elektronisierung der Informationsverarbeitung, härter werdender Wettbewerb zwischen Betrieben und Unternehmen und ein schnellerer Rhythmus des Wandels von Produkten, Produktion und Organisation haben auch die Arbeitsbedingungen und die Aufstiegsmöglichkeiten der Fach- und Führungskräfte weitgehend verändert. Viele Erwerbskarrieren von Führungskräften sind heute nicht mehr nur auf ein Unternehmen bezogen. Es gibt Hinweise darauf, dass die durchschnittliche Betriebszugehörigkeitsdauer von Führungskräften abnimmt (vgl. Erlinghagen 2006: 21). In leitende und Vorstandspositionen werden immer häufiger Führungskräfte von außen und nicht aus dem eigenen Unternehmen rekrutiert. Die Arbeitsverdichtung hat auch für Führungskräfte ein erhebliches Ausmaß angenommen.

Gleichzeitig sind die Ansprüche an Fach- und Führungskräfte gewachsen, sich stärker auch um die Familie und andere Lebensbereiche zu kümmern. Das alte Modell des alleinernährenden vollzeitbeschäftigten Mannes ist in die Krise geraten. Schließlich ist auch die Entwicklung von Wissen so rasant, dass Fach- und Führungskräfte nirgendwo mehr sichere Inseln der Wertschätzung ihrer in Ausbildung und durch Erfahrung erworbenen

Kompetenzen vorfinden können. Große Bestechungsskandale wie etwa bei Siemens sowie die internationalen Kampagnen für »Corporate Social Responsibility« erfordern ein jederzeit korrektes und transparentes Arbeitshandeln. Kurzum: Von allen Seiten wachsen die Erwartungen an Fach- und Führungskräfte.

Wie gehen die Führungskräfte mit diesen geänderten Rahmenbedingungen ihrer Arbeit und Beschäftigung um? Von welchen Interessen und Orientierungen lassen sie sich in ihrer Arbeit leiten? Welche Erwartungen haben sie im Hinblick auf die Beteiligung in Arbeitsprozessen und an Unternehmensentscheidungen? Nähern sich Führungskräfte in ihren Arbeits- und Partizipationsorientierungen etwa den anderen Gruppen abhängig Beschäftigter an? Oder wollen sie vielleicht eher ohne die anderen betrieblichen Beschäftigtengruppen als Gewinner der Umbruchprozesse hervorgehen?

Gerade im Hinblick auf die Mitbestimmung wurden seit den 1990er Jahren vor allem von Arbeitgeber- und politischer Seite erhebliche Einwände formuliert. Die deutsche Unternehmensmitbestimmung sei ein »Irrtum der Geschichte« in einer zunehmend globalisierten Wirtschaft urteilte der ehemalige Vorsitzende des Bundesverbandes der Deutschen Industrie (BDI), Michael Rogowski. Sie verursache hohe Kosten und schränke die unternehmerische Entscheidungsfreiheit ein. In diesem Argumentationszusammenhang wurde vor allem die »Flexibilisierung« beziehungsweise die Aufweichung der Unternehmensmitbestimmung, also der Beteiligung von Arbeitnehmervertretern im Aufsichtsrat gefordert. Welche Position nehmen Führungskräfte hierzu ein? Dies wurde inzwischen in einem größeren Forschungsvorhaben ausführlich analysiert (Jürgens/Lippert 2005). Dabei zeigte sich eine grundlegende Zufriedenheit der leitenden Angestellten mit den Möglichkeiten der Unternehmensmitbestimmung. Insgesamt erwarteten sie eine Verbesserung der Aufsichtsratsarbeit vor allem auf der operativen Ebene, ohne jedoch Notwendigkeiten für gesetzliche Veränderungen zu sehen.

Und wie stehen die Führungskräfte zu den institutionalisierten Formen und Organen der betrieblichen Mitbestimmung? Diese Frage ist von besonderer Brisanz, denn für Führungskräfte ergibt sich ein nicht unerhebliches Dilemma. Für die leitenden Angestellten wurde 1988 per Gesetz das Organ der Sprecherausschüsse geschaffen. Für diejenigen Fach- und Führungskräfte, die zwar als außertarifliche, aber nicht als leitende Angestellte tätig sind, ist weiterhin das betriebsverfassungsrechtliche Organ der Betriebsräte zuständig. Wird diese Dualität von Vertretungsmechanismen durch die Führungskräfte als angemessen bewertet? Hat sich in ihren Augen die Einrichtung der Sprecherausschüsse bewährt? Wie stehen Sie zur Arbeit der Betriebsräte? Sehen die Führungskräfte gesetzlichen Handlungsbedarf im Bereich der betrieblichen Mitbestimmung? Diese hiermit aufgeworfenen Fragen sind nicht nur für die Führungskräfte selbst von Belang. Es kann weder den anderen Beschäftigtengruppen, noch den Interessenverbänden und der Politik gleichgültig sein, mit welchen Arbeits- und Partizipationsorientierungen die Fach- und Führungskräfte der deutschen Wirtschaft ihre Tätigkeit ausüben. In einer zunehmend komplexer werdenden und von Wissensverarbeitung bestimmten Wirtschaft sind zwar alle Beschäftigtengruppen für die Prozesse der Leistungserstellung von großer Bedeutung. Aber für die Führungskräfte gilt dies in besonderem Maße, weil sie in den herausgehobenen und verantwortlichen Schaltpositionen der Organisationen tätig sind.

Nun gibt es zu verschiedenen Teilaspekten der hier skizzierten Problemstellungen durchaus gehaltvolle qualitative Studien. Vor allem in den USA wurden nach dem Zweiten Weltkrieg wichtige Untersuchungen zum Thema vorgelegt. So hat zum Beispiel C. Wright Mills mit seiner sehr differenzierten Studie »Menschen im Büro« (Mills 1955) für die Gruppe der Angestellten allgemein die verschiedensten Aspekte ihrer komplexen und oft widersprüchlichen Arbeitssituation, ihrer verschiedenen Lebensweisen und Arbeitsorientierungen sowie ihrer Partizipations- und Interessenorientierungen vorgelegt. Er resümiert: »Da sie keine gemeinsame politische Haltung haben, richten sich Haltung und Weg eines jeden Einzelnen nach seiner jeweiligen privaten Lage. Doch als Einzelne wissen sie nicht recht, wohin sie sich wenden sollen. So schwanken und zögern sie. Ihre Ansichten sind wirr und unsicher; ihre Handlungen beweisen dass es ihnen an fest umrissenen Zielen ebenso mangelt wie an Beharrlichkeit« (Mills 1955: 469). Diese schon 1951 in den USA veröffentlichte Untersuchung bilanziert nüchtern und im Hinblick auf die Angestellten als politische bzw. zu politisierende Akteursgruppe enttäuscht deren soziale Differenziertheit. Schon hier wird die Grenzsituation der hochqualifizierten Angestellten und Führungskräfte zwischen Eigentümern und Arbeitnehmern herausgearbeitet. Dieses Thema bestimmt auch viele weitere Untersuchungen (vgl. ausführlicher Kapitel 2).

Dabei zeigt sich aber – wie im folgenden Kapitel 2 noch ausführlicher erläutert werden soll – eine Schwäche solcher Studien, zu deren Überwindung die hiermit vorgelegte Untersuchung einen Beitrag leisten will. Fast alle früheren und auch die in jüngerer Zeit durchgeführten Studien beruhen auf relativ kleinen Fallzahlen. Durch Einzelstudien von individuellen Berufskarrieren oder Befragungen einzelner Führungskräfte in wenigen Unternehmen werden dabei differenzierte Muster und Typen von Führungskräften herausgearbeitet. Allerdings ist kaum nachvollziehbar, wie repräsentativ diese Typenbildungen sind: Da die Studien häufig verschiedene Wirtschaftsbranchen umfassen, bleibt unklar, ob die darin vorgenommenen Charakterisierungen irgendeinen Repräsentativitätsanspruch stellen können. Nicht selten werden dabei auch Zusammenhänge zwischen der Betriebsgröße, dem Qualifikationsstand, dem Alter und anderen Variablen hergestellt, ohne dass entsprechende systematische statistische Kontrollen möglich wären. Die hiermit vorgelegte Untersuchung geht nun einen anderen Weg. Sie konzentriert sich auf *eine* Wirtschaftsbranche, die chemische Industrie, und beruht auf einer repräsentativen Befragung aller im VAA organisierten Führungskräfte. Wie noch ausführlich in Kapitel 3 dargestellt wird, ist eine Repräsentativität für die VAA-Mitgliedschaft gesichert. Somit wird ein relevanter Teil der Führungskräfte im großbetrieblichen Bereich erfasst. Die in dieser Studie untersuchten Führungskräfte der chemischen Industrie nehmen eine besondere Position ein: Zum einen sind sie in der betrieblichen Hierarchie anderen Arbeitnehmern übergeordnet und haben Weisungsbefugnis gegenüber anderen Beschäftigten. Zum anderen sind sie jedoch zugleich selbst abhängig Beschäftigte, wodurch ihnen eine Doppelrolle zukommt. Diese Ambivalenz spiegelt sich – so kann angenommen werden – insbesondere in ihren Arbeits- und Partizipationsorientierungen von Führungskräften wider. Eine Betrachtung gerade solcher Orientierungsmuster ist in vorliegenden sozialwissenschaftlichen Studien bislang wenig berücksichtigt worden. Besonders eine stärkere empirische Fundierung des Wissens über die Arbeits- und Partizipationsorientierungen der wachsenden Gruppe von Akademikern und Führungskräften in der Arbeitswelt kann einen wichtigen Beitrag zur Versachlichung der Diskussion um den Stellenwert institutioneller Mechanismen leisten. Mit einer Breitenerhebung unter den hochqualifizierten Angestellten im Bereich der Führungskräfte der Chemieindustrie liefert die Studie neue Erkenntnisse in einem sozialwissenschaftlich bislang noch nicht umfassend erforschten Gebiet. Ihre Ergebnisse sollen die wissenschaftliche und auch die arbeitspolitische Debatte befruchten.

Im Folgenden werden zunächst einige wichtige Erkenntnisse vorhandener Studien zu den Arbeitsorientierungen und Partizipationserwartungen von Führungskräften dargestellt, um daraus die wichtigen Forschungsdesiderata und leitenden Fragestellungen zu entwickeln, die der hiermit vorgelegten Untersuchung zu Grunde lagen (Kapitel 2). Weil die Situation von Führungskräften nach den jeweils betrachteten Wirtschaftszweigen sehr stark variiert, werden danach einige Strukturmerkmale der chemischen Industrie sowie wichtige Wandlungstendenzen der letzten Jahre skizziert; anschließend wird das Erhebungsdesign dieser Studie vorgestellt (Kapitel 3). In Kapitel 4 werden soziodemographische Charakteristika der Befragungsteilnehmer aufgezeigt und analysiert, wobei auch deren zentrale Interessenlagen betrachtet werden. Um die Arbeitsorientierungen systematisch untersuchen zu können, wird in Kapitel 5 zunächst ein theoretischer Typisierungsentwurf dargelegt, welcher im weiteren Verlauf anhand der erhobenen Daten empirisch untersucht und weiterentwickelt wird. Die Brücke zu den Partizipationserwartungen und -erfahrungen wird in Kapitel 6 geschlagen, wobei sowohl individuelle als auch kollektive Partizipationsformen im Zusammenhang mit Arbeitsorientierungen betrachtet werden. Eine zusammenfassende Einschätzung der vorgelegten Studie wird abschließend dargelegt.

2 Fach- und Führungskräfte in der sozialwissenschaftlichen Forschung

Den Hintergrund der Studien, die sich bislang im engeren Sinne mit Führungskräften beschäftigten, bilden die sozialwissenschaftliche Angestelltenforschung (vgl. beispielsweise Baethge/Oberbeck 1986) und die Erkenntnisse zur Soziologie des Managements (vgl. beispielsweise Schmidt et al. 2002). Darüber hinaus sind insbesondere in den letzten Jahren an US-amerikanische Forschungstraditionen anknüpfende Studien der Commitment- und Gerechtigkeitsforschung erschienen, die zum Teil eng mit dem Thema der Arbeits- und Partizipationsorientierungen verbunden sind. Im Folgenden werden jedoch ausschließlich auf Deutschland bezogene Studien aus der Angestellten- und Management- sowie der Commitmentforschung berücksichtigt. Hierfür sprechen insbesondere die Besonderheiten des hiesigen Systems von Partizipation und Mitbestimmung sowie die hierauf bezogenen Orientierungen von Führungskräften.

2.1 Arbeitssituation der Führungskräfte

Das komplexe Wechselverhältnis von Arbeitssituation und Arbeitsorientierungen hat in der Arbeits- und Industriesoziologie traditionell eine sehr große Rolle gespielt (vgl. für die Gruppe der Arbeiter allgemein Popitz et al. 1957; Kern/Schumann 1970; Bolte/Treutner 1983). Seit den 1970er Jahren haben sich verschiedene Forschergruppen theoretisch und empirisch intensiver mit dem Zusammenhang zwischen Arbeitssituation und Bewusstseinslagen von Angestellten beschäftigt. Kudera et al. unterschieden hinsichtlich der Auswirkungen organisatorischer Rationalisierungsmaßnahmen drei Qualifikationsgruppen von Angestellten und hielten Ende der 1970er Jahre die Gruppe der höher qualifizierten Angestellten (zu der auch die Führungskräfte gehören) für am wenigsten von betrieblichen Rationalisierungs- und Wandlungsprozessen betroffen.[2] Diese Beurteilung war bereits in den 1980er Jahren durchaus umstritten (Baethge et al. 1980). Sie lässt sich inzwischen sicherlich nicht mehr aufrecht erhalten, wenn man allein an die massenhaften Versetzungen oder Frühverrentungen für hochqualifizierte Angestellte und Führungskräfte bei Unternehmen wie Daimler oder Siemens denkt. Auch andere Studien thematisierten die Position und die Interessenorientierungen von Angestellten als äußerst ambivalent »zwischen Aufstieg und Rationalisierung« (Steinkühler et al. 1988).

Spezifischer auf die Gruppe der leitenden Angestellten bezogen hat sich schon sehr früh Ulf Kadritzke in seinem Buch »Angestellte – die geduldigen Arbeiter« (1975) aus einer kritisch-marxistischen Sicht mit der Frage beschäftigt, wie die gesellschaftliche Stellung und die Bewusstseinsformen von (leitenden) Angestellten zu beurteilen seien und ob dieser Teil der abhängig Beschäftigten für eine historische Umwälzung des industriell-kapitalistischen Systems gewonnen werden kann. Dabei kritisiert Kadritzke viele soziologische Klassiker der Angestelltenforschung von Gustav Schmoller über Max Weber und Josef Schumpeter bis hin zu Helmut Schelsky und Ralf Dahrendorf. Sie alle haben nach seiner Auffassung die leitenden Angestellten nicht mehr unter der Fragestellung einer antagonistischen Klassengesellschaft analysiert, sondern in einer nach graduellen Schichten aufgebauten Gesellschaft dem Mittelstand zugeordnet und damit die Frage ihrer möglichen Gewinnung für gesellschaftliche Umwälzungen ausgeblendet. Für Kadritzke sind nach der Marxschen Theorie aber auch die leitenden Angestellten nur »Lohnarbeiter des Kapitals«:

> »Die bürgerlichen Schichtungstheoretiker und deren Anwälte in der Angestelltensoziologie erklären gerade die Leistungsfunktionen im Produktionsprozess zu einem prinzipiellen Beweis für klassenüberwindende Aufstiegsmöglichkeiten [...] Im fertigen System der großen Industrie verwachsen die in Lohnarbeit verrichteten Leitungs- und Kontrolltätigkeiten mit dem gesamten Arbeitsvollzug zu einem vielgliedrigen Kooperationsprozess. [...] Besondere Illusionen der Leitungsarbeiter stammen, dies hat sich bis hierher gezeigt, nicht aus der Leitung an sich, sondern aus ihrer widersprüchlichen Form im Produktionsprozess des Kapitals, der zunächst allen Lohnarbeitern die bestehenden gesellschaftlichen Verhältnisse als naturgegebene Lebensbedingungen vorspiegelt«. (Kadritzke 1975: 103ff.)

2 Vgl. Kudera et al. 1979, beispielsweise. S. 61; zum Vergleich ihrer Forschungsergebnisse zu Arbeiter- und Angestelltenorientierungen siehe Kudera et al. 1983.

Aus seiner Bestimmung der leitenden Angestellten als »angestellte Lohnarbeiter des Kapitals« (Kadritzke 1975: 108) heraus hält Kadritzke diese Gruppe grundsätzlich auch für die politische Mobilisierung und für gewerkschaftliche Organisation zu gewinnen.

»Erst die kontinuierliche, gleichsam ›lebenslange‹ Erfahrung der Gleichgültigkeit des Kapitals in den täglichen Arbeitsbedingungen und im industriellen Zyklus vertieft die spontanen materiellen Interessen der angestellten Lohnarbeiter und beschleunigt die Einsicht in ihr Schicksal als Teil der gesamten Arbeiterklasse: treibt schließlich ihr Klassenbewusstsein hervor« (Kadritzke 1975: 132f.)

Auch dreißig Jahre später noch hat sich Kadritzke diesen Glauben an die mögliche Mobilisierbarkeit und Offenheit von Angestellten, auch von Führungskräften und leitenden Angestellten, für grundlegende gesellschaftliche Veränderungen erhalten. Mit Hinweis auf die Zumutungen des flexiblen Kapitalismus gerade auch für die Angestellten der modernen Wissensarbeit erinnert Kadritzke an Walter Benjamin und Siegfried Krakauer, die bereits in den 1930er Jahren die verdinglichte und zum Teil menschenunwürdige Angestelltenarbeit beschrieben, wie sie heute etwa mit den Begriffen des »flexiblen Menschen« und des »Arbeitskraftunternehmers« zu charakterisieren versucht wird (Kadritzke 2004: 116f.).

Mit hochqualifizierten und leitenden Angestellten beschäftigt sich auch die 1995 erschienene Studie »Das Führungskräfte-Dilemma«. Baethge et al. untersuchen auf der Basis von insgesamt 176 Interviews mit qualifizierten Angestellten und Führungskräften der Metall- und Chemieindustrie die Veränderungen in den Arbeits- und Berufssituationen, den betrieblichen Funktionen und Stellungen sowie dem berufspolitischen Spannungsfeld von Führungskräften. Die durchgeführten Interviews wurden ergänzt durch Expertengespräche in den Unternehmensleitungen und mit weiteren Fachleuten aus Wissenschaft und Verbänden (vgl. Baethge et al. 1995: 32). Dabei wurden Angestellte ausgewählt, die hinsichtlich ihrer hierarchischen Stellung durch verantwortliche Leitungstätigkeit oder Anordnungsbefugnisse charakterisiert waren, die nicht in unmittelbar ausführender Arbeit tätig waren und die eine akademische berufliche Qualifikation aufwiesen (vgl. Baethge et al. 1995: 34).

Im Mittelpunkt der Untersuchung standen die Berufsorientierungen der Führungskräfte, wobei folgende idealtypische Orientierungen unterschieden wurden:

»Unsere Typenbildung geht zunächst rein deskriptiv-klassifikatorisch vor, sie basiert vor allem auf der Analyse der berufsbiographischen Schilderungen der Befragten. Aus den zum Teil sehr ausführlichen Begründungen, warum bestimmte Berufswege gesucht und andere verworfen wurden, warum berufliche Umorientierungen oder Wechsel des Beschäftigungsbetriebes stattfanden bzw. angestrebt wurden und worin die Vor- und Nachteile der gegenwärtigen Position als vorläufig letzter Station des beruflichen Werdegangs liegen, läßt sich zumeist eine situationsübergreifende Dimension beruflicher Ansprüche herausdestillieren, die das berufliche Selbstkonzept prägt.« (Baethge et al. 1995: 45)

Auf der Grundlage der durchgeführten Interviews wurden zwei Grundorientierungen unterschieden, zum einen die an dem subjektiven Interesse an Inhalt und Art der Arbeit und zum anderen eine auf den Erfolg in der Organisation und auf das Erreichen organisationsbezogener Ziele ausgerichtete Orientierung. Für die berufsfachliche Orientierung wiederum wurden die zwei Untertypen einer Wissenschaftsorientierung und einer Selbstentfaltungsorientierung unterschieden; für die organisationsbezogene Berufsorientierung wurden die beiden Untertypen einer vorwiegend auf die Organisation bezogenen Gestaltungsorientierung und einer auf Karriere ausgerichteten Statusorientierung differenziert.

In der Tradition einer kritischen Angestelltenforschung werden dann sehr stark die Spannungen und Widersprüche der leitenden Angestellten und Führungskräfte zwischen ihren tatsächlichen betrieblichen Tätigkeiten und Funktionen einerseits und ihren allgemeinen berufsmoralischen und allgemeingesellschaftlichen ethischen Orientierungen andererseits untersucht. Dabei wurden die Interviewpartner jeweils mit einigen konkreten Fällen konfrontiert, in denen hochqualifizierte Angestellte aus moralischen, politischen oder Gewissensgründen bestimmte Arbeitsaufträge (zum Beispiel in der Rüstungsproduktion) verweigert hatten (vgl. Baethge et al. 1995: 201ff.).

Auf dieser Grundlage unterscheiden die Autoren bei den befragten Führungskräften idealtypisch drei Orientierungsmuster: ein utilitaristisches Moralbewusstsein, eine legalistische Moralorientierung und eine an universalistischen ethischen Prinzipien ausgerichtete moralische Orientierung (vgl. Baethge et al. 1995: 204f.). Die Untersuchung dieser verschiedenen Moralorientierungen dient den Autoren schließlich dazu, das mögliche Potenzial kritischen und kollektiven Handelns der Führungskräfte zu bestimmen. In der Tradition der kritischen Angestelltenforschung geht es hierbei, wie auch schon zentral bei Kadritzke (1975) um die Frage, ob die Führungskräfte letztlich als Teil einer umfassenderen Arbeiterbewegung mobilisiert werden können. Wie zu erwarten war, kommen die Autoren zu keinen eindeutigen Ergebnissen:

»Gerade für unsere nach Herkunft und Sozialisation, nach Professionen und Positionen vielfältig zusammengesetzte Untersuchungsgruppe gelten nur lockere Kausalitäten: So können berufliche Entfaltungsansprüche rein individualistischen Zielen dienen, sie können auf die eigene Professions- oder Statusgruppe zielen und damit andere ausschließen, sie können aber auch übergreifend auf die umgebende Gesellschaft oder gar auf Menschheitsfragen bezogen sein« (Baethge et al. 1995: 267).

Im Hinblick auf mögliche Aktivitätspotenziale von Führungskräften unterscheiden die Autoren im Anschluss an frühere Untersuchungen zwei Typen: »Bislang herrschten unter den gewerkschaftlich engagierten Hochqualifizierten zwei Sozialcharaktere vor: der Aufsteiger durch innerbetriebliche Qualifikation oder außerbetriebliche Bildung einerseits, der an den Hochschulen politisierte Absolvent andererseits« (Baethge et al. 1995: 351). Die Autoren versuchen nun auf der Basis ihres empirischen Materials, die mögliche Bedeutung neuer sozialer Bewegungen für die Mobilisierung und gesellschaftliche Politisierung der Führungskräfte zu eruieren. Dabei werden drei Problemfelder identifiziert, in denen sich das Dilemma der Führungskräfte, ihre widersprüchliche Situation zwischen eigenen und gesellschaftlichen Ansprüchen auf der einen und betrieblichen Funktionserfordernissen und Positionen auf der anderen Seite widerspiegelt: Erstens erfahren die Führungskräfte einen deutlichen Widerspruch zwischen den in Managementtheorien und Unternehmensphilosophien geäußerten Ankündigungen von Transparenz und Partizipation einerseits und der tatsächlichen betrieblichen Realität von hierarchischen und keineswegs immer nachvollziehbaren Entscheidungsmechaniken andererseits.

Zweitens erfahren die Führungskräfte einen deutlichen Widerspruch zwischen den Verheißungen betrieblicher und beruflicher Karrieremöglichkeiten auf der einen und der Schwierigkeit beziehungsweise Unmöglichkeit, die damit verbundenen Anforderungen mit den eigenen lebensweltlichen Bedürfnissen auf der anderen Seite in Einklang bringen zu können. Schließlich können die Befragten vielfach die tatsächlich im Prozess der Förderung und Auswahl von Führungskräften angelegten Kriterien kaum nachvollziehen: sie empfinden die Formen der Leistungsbeurteilung als wenig transparent und erfahren eher, dass das berufliche Fortkommen von informellen Netzwerken und »Seilschaften« bestimmt ist (Baethge et al. 1995: 359f.). Vor diesem Hintergrund sehen die Autoren große Entwicklungspotentiale, einen nicht unerheblichen Teil von Führungskräften über die neuen sozialen Bewegungen in kritische Akteursgruppen zu transformieren.

Das in der Studie von Baethge et al. (1995) behandelte Thema der Wahrnehmung von betrieblichen Karrieremöglichkeiten und -verheißungen einerseits und den erfahrenen und umgesetzten Leistungs- und Gerechtigkeitsansprüchen leitender Angestellter andererseits hatte bereits Claus Offe in den 1970er Jahren allgemein kritisch beleuchtet. In Bezug auf die Frage der Leistungsmessung und des Leistungsbeitrags von Angestellten hatte er argumentiert, in modernen Leistungsorganisationen sei die Frage nach dem Verhältnis von individuellen Produktivität und funktionalen Bedeutung, das heißt der Leistung eines Menschen für die Organisation, kaum noch eindeutig zu entscheiden (vgl. Offe 1977). In dieser Tradition des kritischen Hinterfragens des Leistungsbegriffs hat Michael Hartmann die nach wie vor große Bedeutung der sozialen Herkunft für eine Wirtschaftskarriere herausgestrichen und damit den »Mythos von den Leistungseliten« (Hartmann 2002) erneut thematisiert.

2.2 Führungskräfte und Partizipation

In einer Studie von 1997 untersuchte Kotthoff Arbeitsorientierungen und Beteiligungserwartungen von Führungskräften im Rahmen der jeweils spezifischen betrieblichen Sozialordnung. Er entwirft eine Typologie von Arbeitsidentitäten und Interessenorientierungen hochqualifizierter Angestellter (unter anderem auch in Unternehmen der chemischen Industrie) und verweist auf dominante Muster von Partizipationserwartungen und konkreten Beteiligungsstrukturen. Er thematisiert insbesondere die aus Krisen- und Restrukturierungserfahrungen resultierenden Enttäuschungserfahrungen und Veränderungen in den Interessenpräferenzen dieser stark leistungs- und beitragsorientierten Beschäftigten (vgl. auch Faust et al. 2000).

Die von Kotthoff (1997) erstellte Typologie der Arbeitsidentitäten wird vor allem durch den Grad der Beitragsorientierung der Führungskräfte beziehungsweise hochqualifizierten Angestellten (HQA) bestimmt. Mit dem Begriff der »Beitragsorientierung« wird die Einstellung jener Arbeitnehmer gekennzeichnet, die sich quasi als »Mit-Unternehmer« sehen und die eigenen Interessen mit denen des Unternehmens gleichsetzen. Sie möchten mit ihrer Arbeit einen möglichst effektiven Beitrag für das Unternehmen leisten und erwarten dafür auch entsprechend angemessen entlohnt zu werden (»impliziter Vertrag«).

In der empirischen Erhebung[3] fand Kotthoff (1997) vier Typen von Arbeitsidentitäten vor: anerkannte beitragsorientierte Hochqualifizierte, gebremst beitragsorientierte Hochqualifizierte, primär sicherheits- und vertragsorientierte Hochqualifizierte sowie abgehängte und verletzte Hochqualifizierte. Die *beitragsorientierten* Beschäftigten bringen sich freiwillig im Unternehmen ein und erwarten auch, dass dieses Engagement von Unternehmensseite einerseits von ihnen gefordert und zudem andererseits gleichermaßen honoriert wird. Sie finden darüber hinaus auch eine Arbeitssituation vor, die ihnen das Gefühl gibt, für ihren Einsatz entsprechend anerkannt und belohnt zu werden. *Gebremst beitragsorientierte* Hochqualifizierte unterscheiden sich von den Beschäftigten des ersten Typus nur durch die vorgefundene Arbeitssituation: Sie fühlen sich und ihre Leistungen vom Unternehmen nicht ausreichend honoriert. *Primär sicherheits- und vertragsorientierte* Hochqualifizierte sind dagegen nicht durch eine Beitragsorientierung geprägt. Diese HQA sehen sich in erster Linie als Arbeitnehmer und nicht als Mit-Unternehmer. Ihre primären Ziele sind somit nicht der Erfolg des Unternehmens, sondern die eigene ökonomische und soziale Absicherung. Die Erwerbsbiographien von *abgehängten und verletzten* Hochqualifizierten, ein von Kotthoff vor allem bei älteren HQA vorgefundener Typus, weisen jeweils einen Bruch in der Berufskarriere auf. Oftmals hatten diese Arbeitnehmer zunächst eine beitragsorientierte Arbeitseinstellung und haben dann aber durch besondere Vorkommnisse (meist betriebliche Umstrukturierungen) ihre Bedeutung und Funktion für das Unternehmen verloren. Zwar werden sie noch vom Unternehmen beschäftigt (weil sie beispielsweise den Übergang in den Vorruhestand oder eine Versetzung ablehnten), jedoch haben sie keine wichtigen Funktionen mehr inne. Sie sind daher frustriert und enttäuscht von »ihrem« Unternehmen, für das sie sich in früherer Zeit so stark einsetzten.

Insgesamt stellte Kotthoff 1997 fest, dass im Zuge betrieblicher Reorganisationsmaßnahmen und ökonomischer Veränderungen (Hierarchieabbau, Kostensenkungsprogramme, Outsourcing etc.) zur Zeit seiner Untersuchung eine große Verunsicherung unter den HQA entstand, wodurch sich das zuvor dominierende Modell der großbetrieblichen Firmenkultur (integrativ, gemeinschaftlich, kommunikativ, korporativ) veränderte. Erst-

3 Eine qualitative Befragung von 100 Führungskräften in 13 Betrieben unterschiedlicher Branchen.

mals waren auch außertarifliche Angestellte beispielsweise durch Rationalisierungsmaßnahmen von Entlassungen betroffen – ein Umstand, der lange Zeit nicht für möglich gehalten wurde (vgl. Offe 1985: 589ff.). Durch diese Entwicklung seien einige der HQA dialogbereiter für kollektive Formen der Mitbestimmung (zunächst auf betrieblicher Ebene; aber zunehmend auch für Gewerkschaften) geworden. Das konkrete Interessenhandeln hätte diese Dialogbereitschaft bislang allerdings noch nicht verändert, kollektive (Interessen-)Handlungen seien bislang kaum anzutreffen. Die beitragsorientierte Arbeitskultur bleibe laut Kotthoff bislang für die HQA attraktiv.

Die Partizipationsorientierungen der HQA werden in der Studie von 1997 auf eine spezifische Arbeitsidentität zurückgeführt, die als Kombination dreier Bildungselemente zu verstehen ist:

»[Erstens] der in den Betrieb mitgebrachten Berufsidentität; [zweitens] aus der Identität, die der Betrieb dem hochqualifizierten Angestellten bei seinem Eintritt verleiht, indem er ihm die Startposition für eine bestimmte betriebsbiographische Laufbahn zuweist, an die spezifische Status-, Selbstverwirklichungs- und Anerkennungschancen geknüpft sind; und [drittens] aus den konkreten Anerkennungs- bzw. Mißachtungserfahrungen, die der hochqualifizierte Angestellte im Betrieb macht sowie aus dem, was er selbst aus solchen Erfahrungen macht, z.B. wie er irritierende, demotivierende Erfahrungen bewältigt«. (Kotthoff 1997: 26)

Zu ähnlichen Ergebnissen wie Kotthoff kommen auch Faust et al. (2000). Ebenfalls wird von ihnen zunächst festgestellt, dass Reorganisationsprozesse in den Unternehmen zu einer gedanklichen Öffnung der Führungskräfte für kollektive Formen der Interessenartikulation führten (vgl. Faust et al. 2000: 396ff.). Den Grund dafür sehen die Autoren darin, dass den Führungskräften durch die Umstrukturierungen ihre Rolle als abhängige Arbeitnehmer stärker ins Bewusstsein trat (vgl. Faust et al. 2000: 396). Das konkrete Interessenhandeln blieb davon gleichwohl unbeeinflusst, da das klassische Selbstbild von Führungskräften Bestand habe und gegen eine gemeinsame Interessenartikulation spräche. Dieses Selbstbild sei – im Gegensatz zu den Ergebnissen Kotthoffs – dadurch geprägt, dass man sich selbst nicht als Verlierer, sondern zumeist als Profiteur der Reorganisationsmaßnahmen betrachte (vgl. ähnlich schon Kudera et al. 1979; Deutschmann 2001: 72f.). Dennoch konstatieren die Autoren einen Einstellungswandel der Führungskräfte – der Typ des »überzeugten Individualisten« verliere zu Gunsten der Typen des »frustrierten Individualisten« und des »kollektiv Orientierten« an Gewicht. Dabei ergibt sich die Frage, warum insbesondere die Zunahme des letzteren Typs bislang nicht zu einer Ausweitung kollektiver Interessenvertretungsmuster führte (vgl. Kotthoff 1997 sowie Faust 2000) – und ob ein derartiger Typus aktuell immer noch ausfindig zu machen ist.

Die Ergebnisse einer Nachfolgestudie von Kotthoff und Wagner (vgl. Kotthoff/Wagner 2008; sowie Kotthoff 2008; Wagner 2008; IG BCE 2007a; IG BCE 2007b) scheinen die Einschätzungen der bereits beschriebenen Vorgängerstudie von 1997 zu stützen. Zwölf Jahre nach ihrer erstmaligen Befragung von hochqualifizierten Angestellten und Führungskräften befragten die Forscher dieselben Personen noch ein zweites Mal. Ziel der erneuten Untersuchung war, die Auswirkungen der sich bereits in der Erstuntersuchung abzeichnenden umfassenden Restrukturierungen in den Unternehmen auf die Einstellungen der Befragten zu ihrer Arbeit zu erfassen. Zwar haben sich die in der Vorgängerstudie abzeichnenden Probleme weiter verstärkt, unter anderem durch die quantitative Vergrößerung der Gruppe der HQA, es ist jedoch auch der »psychologische Vertrag« (Kotthoff 2008: 2) zwischen den HQA und »ihren« Unternehmen an die neuen Gegebenheiten angepasst worden. So ist die Zufriedenheit der Führungskräfte mit ihrer Arbeits- und Leistungsfunktion sogar gestiegen. Das Interessenhandeln blieb dabei in erster Linie weiterhin individuelles Handeln, auch wenn eine gewisse Öffnung für Gewerkschaften als möglich erachtet wird (vgl. Kotthoff 2008).

Als wesentlich neuer Trend stellten sich laut Kotthoff und Wagner die sich wandelnden Karriereverläufe von hochqualifizierten Beschäftigten dar. Während Akademiker in den früheren Jahren meist nach der abgeschlossenen Hochschulausbildung auf eine sogenannte »Kaminkarriere« hoffen konnten, weisen ihre Erwerbsverläufe heute erhebliche Unwägbarkeiten und Unsicherheiten auf. War zuvor also der Aufstieg in höhere, auch leitende, Positionen im Unternehmen meist nur eine Frage der Zeit, so sind solche mit dem Eintritt ins Unternehmen bereits vorgezeichneten Karriereverläufe von Hochqualifizierten heute nur noch selten anzutreffen. Die Restrukturierungen in den Unternehmen, die zahlreichen Übernahmen sowie Aus- und Neugliederungen der Betriebe haben das alte Karrieremodell durch neue Formen von Aufstiegsverläufen ersetzt. Durch den erweiterten Umfang der Gesamtgruppe von HQA ist gleichsam auch die Konkurrenz um Aufstiegsmöglichkeiten angestiegen; zudem dürfte aufgrund der Abflachung von Hierarchien auch die Zahl der zu besetzenden Führungspositionen abgenommen haben. Heute entscheidet sich meist schon in den ersten Jahren nach dem Eintritt in das Erwerbsleben, ob die HQA für den späteren Aufstieg in Führungspositionen ausgewählt werden oder nicht. Somit ist der Leistungsdruck insbesondere in den ersten Berufsjahren besonders hoch. Ab einem gewissen Alter, Kotthoff beziffert es auf Mitte dreißig (vgl. Kotthoff 2008), trennen sich dann die Erwerbsverläufe der sogenannten »High Potentials« von denen der anderen HQAs. Doch Letztere reagieren auf ihre Nicht-Auswahl für höhere Führungskarrieren nicht mit Verbitterung, sondern fahren ihre Arbeitsleistung lediglich auf ein etwas geringeres Maß zurück. Sie sind von ihren Unternehmen nicht so enttäuscht, dass sie ihre Beitragsorientierung vollständig aufgeben. Sie möchten auch weiterhin ihren Beitrag zum Erfolg des Unternehmens leisten, nur eben auf einem etwas geringeren Niveau. Vor dem Hintergrund der unerfüllten Karriereaussichten und der dennoch aufrecht erhaltenen Beitragsorientierung bezeichnen Kotthoff und Wagner diesen von ihnen angetroffenen Typus der hochqualifizierten Angestellten als »defensive beitragsorientierte Leistungsträger« oder auch als »rückzugsreife Realisten« (Kotthoff/Wagner 2008: 159).

Die Ergebnisse der Follow-up-Studie zu dem Verhältnis von HQA und kollektiver Interessenvertretung bestätigen die bereits in der Studie von 1997 getroffenen Feststellungen. Gegenüber den Gewerkschaften beziehen die Hochqualifizierten eine distanzierte bis kritische Haltung. Die HQA unterscheiden jedoch zwischen der betrieblichen Interessenvertretung durch Betriebsräte und der überbetrieblichen Vertretung durch Gewerkschaften. Der betrieblichen Interessenvertretung durch Betriebsräte stehen die HQA deutlich positiver gegenüber. Dies ist insbesondere dann der Fall, wenn die Betriebsräte in ihrer Arbeit stärker Belange der AT-Beschäftigten berücksichtigen (vgl. Kotthoff/Wagner 2008: 233ff.).

2.3 Führungskräfte und der globale Wandel

Das Grundthema der spezifischen Arbeitsbedingungen und der Bandbreite von Bewusstseinsformen qualifizierter Angestellter findet sich auch in einer Studie über hochqualifizierte Wissensarbeit in der globalisierten Welt. In seiner Dissertation hat Tobias Kempf (2008) die traditionelle Angestelltenforschung mit der jüngeren Globalisierungsdiskussion verknüpft. Dabei versucht er zu zeigen, dass das sogenannte Offshoring, also die Ausgliederung von Tätigkeiten in Billiglohnländer, nicht nur auf manuelle Industriearbeit Anwendung findet, sondern auch hochqualifizierte Wissensarbeit zunehmend hiervon betroffen sein kann. Anhand von vier Fallstudien analysiert er, »wie dieser umfassende Wandel der Wertschöpfungsprozesse von hochqualifizierten IT-Beschäftigten wahrgenommen wird und mit welcher Haltung sie Internationalisierungsprozessen in Gestalt von Offshoring oder Nearshoring begegnen« (Kempf 2008: 112). Dabei geht Kempf von der Annahme aus,

»dass die Internationalisierung in Gestalt von Offshoring von den betroffenen Beschäftigten als ein verstetigter krisenhafter Prozess wahrgenommen wird, in dessen Folge sie ihre Interessenidentitäten kritisch hinterfragen. [...], dass im Zuge des Aufbaus neuer Standorte in Off- und in Near-Regionen im Bereich IT-Dienstleistungen und Software-Entwicklung Widersprüche und Konfliktlinien in neuer Qualität aufbrechen. [...], dass Internationalisierungsprozesse und damit verbundene innerbetriebliche Konflikte nicht nur die Interessenidentitäten, sondern auch die Handlungsstrategien der Beschäftigten beeinflussen werden«. (Kempf 2008: 118ff.)

Diese forschungsleitenden Annahmen findet der Autor in seinen empirischen Untersuchungen weitgehend bestätigt:

»Angesichts ihrer Erfahrungen mit Personalabbau konnten ausgeprägte Ängste hinsichtlich der Sicherheit ihrer Arbeitsplätze konstatiert werden. Bei vielen Beschäftigten hat sich trotz ihrer Qualifikation, ihrer Berufserfahrung und ihrer Stellung im Betrieb der Eindruck verfestigt, letztendlich ›jederzeit‹ den Arbeitsplatz verlieren zu können. Interessanterweise können ihnen auch ihre weiterhin unbefristeten Beschäftigungsverhältnisse kaum Sicherheit vermitteln. [...] In der Folge ist die Sorge um ihre berufliche Zukunft zu einem Teil ihres Arbeitsalltags geworden – mit Stefan Hradil formuliert ›Kriecht die Angst auch in der IT-Branche die Rechenzentren und Bürotürme hinauf‹«. (Kempf 2008: 418f.)

Nach Kempf nehmen die hochqualifizierten Angestellten diese grundlegende Verunsicherung einerseits nüchtern als normal und in der Logik der gesellschaftlichen Verhältnisse liegend zur Kenntnis. Obwohl Kempf keinen nachhaltigen »Annäherungsprozess zwischen Hochqualifizierten auf der einen Seite und Gewerkschaften und Betriebsräten auf der anderen Seite erkennen« kann (Kempf 2008: 424), hält er doch andererseits die Möglichkeit von »kollektiven Prozessen der Hochqualifizierten gegen die Verlagerungen ihrer Arbeitsplätze« (Kempf 2008: 425) für möglich. Tobias Kempf hat seine Befunde zusammen mit Andreas Boes zur These einer möglichen »Erosion der Beitragsorientierung hin zu neuen Arbeitnehmeridentitäten« (Boes/Kempf 2008: 58) zugespitzt. Aufgrund eigener empirischer Forschungen bezweifeln Mayer-Ahuja und Feuerstein (2008), dass durch das Offshoring eine mögliche generelle Präkarisierung und in der Folge gewerkschaftliche beziehungsweise politische Mobilisierung von Wissensarbeitern wahrscheinlich seien. Sie betonen, dass trotz aller Verunsicherung und Standardisierung von qualifizierter Wissensarbeit

> »diese spezifische Gruppe im Rahmen transnationaler Projektteams und gerade durch die grenzüberschreitende Kooperation eine Aufwertung ihres Status erfahren [hat, Anm. d. V.], denn in der deutschen Produktfirma unseres Samples werden Projektleitern und Programmierern mit langjähriger Berufs- und Unternehmenserfahrung gezielt Leitungsfunktionen in transnationalen Projektteams übertragen«. (Mayer-Ahuja/Feuerstein 2008: 3)

Die bisher vorgestellten Diagnosen zu den Veränderungen im Bereich der Führungskräfte müssen vor dem Hintergrund eines vielschichtigen gesamtgesellschaftlichen Wandels der Erwerbsarbeit Interpretiert werden. Einige Aspekte dieser allgemeingesellschaftlichen Entwicklungen, die in dieser Breite nicht explizit Gegenstand der hiermit vorgelegten Studie und der ihr zugrundeliegenden schriftlichen Befragung waren, aber in einem engen Zusammenhang damit stehen, sollen im Folgenden zumindest kurz skizziert werden:

In der jüngeren Forschung über die Arbeitsorientierungen und die »Folgebereitschaft« beziehungsweise das Commitment von Beschäftigten steht die Frage im Mittelpunkt, durch welche Kräfte sich Arbeitnehmer an ein Unternehmen[4] binden beziehungsweise sich diesem verpflichtet fühlen. In ihrer Pionierstudie haben Meyer und Allen (1991) grundsätzlich zwischen kalkulatorischem, affektivem und normativem Commitment unterschieden. Inzwischen liegen auch Weiterentwicklungen der Modelle zur Erklärung von Commitment (zum Beispiel die Unterscheidung personaler, organisationaler und gesellschaftlicher Faktoren, vgl. Meyer et al. 2002) vor. Hierbei wird insbesondere auf die Bedeutung von Fairness, Transparenz und Anerkennung als Grundvoraussetzungen für eine nachhaltige Organisationsbindung verwiesen (Meyer/Allen 1997). Somit sind Verbindungslinien zum Thema der Gerechtigkeitsforschung ebenso angelegt wie zum Thema der Beteiligung von Beschäftigten an operativen und strategischen Entscheidungen. Beiden Forschungslinien, der Gerechtigkeits- und

4 Der Commitment-Begriff findet nicht nur in Bezug auf Unternehmen, sondern auch im Zusammenhang mit anderen (Leistungs-)Organisationen Anwendung.

der Partizipationsforschung, ist gemein, dass dabei die spezifische Rolle von Führungskräften bisher in Deutschland nur wenig erforscht wurde. So ist davon auszugehen, dass Führungskräfte zum einen ausgeprägte Formen von Commitment gegenüber »ihren« Unternehmen an den Tag legen und dass sie darüber hinaus auch stark an der Ausrichtung der Unternehmensstrategie interessiert sind und unter Umständen an dieser Strategiedefinition auch beteiligt sein wollen.

Für die Fragestellung der Partizipationsorientierungen liegt eine interessante Studie zur Einschätzung der Unternehmensmitbestimmung aus der Perspektive leitender Angestellter vor (Jürgens/Lippert 2005). Die Ergebnisse deuten darauf hin, dass für die leitenden Angestellten die Beteiligung in Aufsichtsräten ein relevantes und anerkanntes Mittel der Mitbestimmung darstellt. In Bezug auf die Inhalte von Aufsichtsratsarbeit zeigte sich jedoch, so ein »zentraler Befund in diesem Zusammenhang [...], dass die Prozesse der Aufsichtsratsarbeit insgesamt noch nicht hinreichend auf die Anforderungen eines prospektiv-beratungsorientierten Aufsichtsrats ausgerichtet sind« (Jürgens/Lippert 2005: 88), also insbesondere die Teilhabe an Entscheidungen über die strategische Ausrichtung von Unternehmen durch die untersuchten Aufsichtsräte als nicht ausreichend angesehen wurde (vgl. Jürgens/Lippert 2005). Zudem konstatieren Jürgens und Lippert oftmals kommunikative Defizite im Rahmen der Aufsichtsratsarbeit, die insbesondere in Interaktionen zwischen Aufsichtsräten und Unternehmensvorständen sowie in der Binnenkommunikation innerhalb der Aufsichtsräte zu Tage traten. Die generelle Existenz des Mitbestimmungs-Instruments Aufsichtsrat für die leitenden Angestellten wird nach den Ergebnissen der Studie von nicht in Frage gestellt, sondern von den leitenden Angestellten in seinen Auswirkungen als positiv wahrgenommen. An dieses Ergebnis anknüpfend kann weitergehend danach gefragt werden, wie die weiteren kollektiven Mitbestimmungsgremien von dieser Beschäftigtengruppe beurteilt werden.

Lengfeld (2003) verweist auf den Zusammenhang der Gerechtigkeitseinstellungen von Beschäftigten und ihrer Bewertung der betrieblichen Mitbestimmung beziehungsweise deren Wirkungsgrad. Lengfeld hat diesen Zusammenhang empirisch in einer standardisierten Erhebung der Gerechtigkeitsempfindungen von Arbeitnehmern untersucht. Bei den Beschäftigten in 21 untersuchten Industriebetrieben wurde dabei nach einem Typ sozialer Werte gesucht, der sowohl das Handeln der betrieblichen Akteure prägt, der sich weiterhin in den Wirkungen dieses Handelns niederschlägt und der schließlich auch auf identifizierbare soziodemographische Faktoren zurückführbar ist (Lengfeld 2003: 50ff.). In der standardisierten Befragung wurden die Gerechtigkeitseinstellungen mittels der Bewertung verschiedener Aussagen (zum Beispiel zu Bezahlung, Betriebsratsarbeit etc.) durch die Beschäftigten erhoben und diese in Beziehung zu ebenfalls abgefragten weiteren Daten gesetzt. Die verschiedenen Gerechtigkeitstypen unterscheiden sich vor allem in zwei Dimensionen: Dies ist zum einen der Grad der hierarchischen Kontrolle (hoch/niedrig) und zum anderen die Ausprägung der sozialen Integration (stark/schwach) (vgl. Lengfeld 2003: 93ff.). Die vier von Lengfeld identifizierten Gerechtigkeitsvorstellungen wirken sich demnach auf die Einschätzung der Mitbestimmung der Beschäftigten aus: *Individualistisch* eingestellte Personen können demnach kollektiven Interessenvertretungsformen generell wenig abgewinnen. *Fatalistisch* Eingestellte beurteilen vor allem die Möglichkeiten von Mitbestimmung skeptisch, wohingegen Personen mit *korporatistischer* Gerechtigkeitseinstellung kollektive Interessenaushandlungsprozesse beispielsweise durch Gewerkschaften als positiv betrachten. *Kollektivistisch* Orientierte sehen darüber hinaus wenige Interessengegensätze zwischen den eigenen Interessen und denen des Unternehmens. Lengfeld kommt zu dem Ergebnis, dass die kollektive Mitbestimmung umso positiver beurteilt wird, je stärker in einem Unternehmen eine korporatistische (beziehungsweise kollektivistische) Gerechtigkeitsideologie vorherrscht. Dagegen werden die Mitbestimmungsmöglichkeiten bei einem eher fatalistischen Gerechtigkeitstypus insgesamt negativer beurteilt, dies gilt grundsätzlich auch für den individualistischen Typus, bei dem allerdings insgesamt die Selbstvertretung bevorzugt wird.

Auch in der bereits erwähnten Studie von Baethge et al. (1995) über Führungskräfte stellen moralische Überzeugungen die Grundlage typischerweise anzutreffender beruflicher Orientierungen dar. Zwar beschreiben Baethge et al. auch Unterschiede beispielsweise im Durchschnittsalter der den Orientierungen zugeordneten Personen, jedoch kann aufgrund der begrenzten Fallzahlen keine weitergehende Verallgemeinerung der getroffenen Befunde vorgenommen werden. Ebenfalls fehlen in der Studie Hinweise auf die Partizipationsvorstellungen der untersuchten Beschäftigtengruppe.

Der Blick der Forschung zu Arbeits- und Partizipationsorientierungen von Beschäftigten richtete sich in den letzten Jahren auch auf die hochqualifizierten »Wissensarbeiter« in Bereichen der digitalen Wirtschaft, also der Softwareproduktion, Internet und Multimedia etc. und führte zu einigen neuen Befunden (vgl. Lange et al. 2005; Abel et al. 2005; Boes/Trinks 2006; Artus et al. 2006). Diese verweisen auf die ausgeprägte Bedeutung des Interessenhandelns der »High Tech-Beschäftigten«, das sich an jeweiligen Vorstellungen zur beruflichen Selbstverwirklichung einerseits und an den ökonomischen und produktbezogenen Zielsetzungen des jewieligen Unternehmens andererseits orientiert. Auf dieser Basis konnten weitreichende Partizipationsansprüche der Hochqualifizierten und neuartige Muster betrieblicher Interessenregulierung identifiziert werden, die auch die Frage nach der Funktion und Reichweite der betrieblichen Mitbestimmung in der Wissensgesellschaft in einem neuen Licht erscheinen lassen. Für die hochqualifizierten Beschäftigtengruppen der hier angesprochenen Branchen ist jedoch charakteristisch, dass für sie Interessenvertretung in der eigenen Person das dominante Vertretungsmuster ist. So gehen einige Autoren davon aus, dass die hochqualifizierten Beschäftigten »für sich [...] das Monopol der Interpretation und Durchsetzung ihrer Interessen« (Heisig/Ludwig 2004: 91) beanspruchen.

Sehr viele der hier skizzierten Aussagen und Befunde empirischer Studien aus der Angestelltenforschung, die wie gezeigt durchgehend auf Fallstudien in ausgewählten Betrieben beruhen, können nun für den Bereich der Führungskräfte der chemischen Industrie mit der hiermit vorgelegten Studie auf Basis einer Breitenerhebung kritisch überprüft werden. Wie im Weiteren noch ausführlicher gezeigt wird, erachten zum Beispiel die hier befragten Führungskräfte Betriebsräte nicht unbedingt für ihre eigene Interessenwahrnehmung als sehr relevant, halten sie wohl aber für die übrige Belegschaft, also insbesondere für diejenigen Beschäftigten, die nicht über ein vergleichbares Potential an Primärmacht (vgl. Jürgens 1984) zur Selbstvertretung der Interessen verfügen wie sie selbst, für ein wichtiges Gremium (vgl. Kap. 6.1).

Tietel (2006) verweist darauf, dass auch auf Seiten der Betriebsräte eine »Ambivalenz« (Tietel 2006: 210) den Führungskräften gegenüber besteht.[5] Zum einen möchten Betriebsräte auch diese wachsende Gruppe von Be-

5 »Es [geht] bei der Ambivalenz um zwiespältige Haltungen und Gefühle von Betriebsräten denen gegenüber, die sie betriebspolitisch repräsentieren. Damit angesprochen sind vor allem die Einstellungen und Haltungen von Betriebsräten gegenüber dem steigenden Anteil von hoch qualifizierten Angestellten und der wachsenden ›Beitragsorientierung‹ (Kotthoff 1997) beziehungsweise ›Leistungsorientierung‹ (Pongratz/Voss 2004) von Beschäftigten insgesamt« (Tietel 2006: 210).

schäftigten vertreten und sind sich auch ihrer formale Zuständigkeit bewusst. Zum anderen nehmen sie aber auch deren von der übrigen Belegschaft verschiedene Interessen- und Erwartungshaltungen sowie eine im Hinblick auf ihre eigenen Belange teilweise ablehnende Einstellung gegenüber kollektiver Interessenvertretung wahr.

Wie der kurze Überblick zum Stand der Forschung zeigt, liegen im Hinblick auf das Wechselverhältnis von Arbeitsorientierungen, Interessenhandeln und Partizipationserwartungen von hochqualifizierten Angestellten oder Führungskräften in der Wirtschaft bereits eine Reihe von Studien vor. In vielen dieser Untersuchungen finden sich Anzeichen dafür, dass auch Führungskräfte und hochqualifizierte Angestellte offen für kollektive Formen der Interessenvertretung sind. Die vorliegende Studie nimmt nun die Arbeits- und Partizipationsorientierungen dieser Beschäftigten in den Blick und kann so die bisherigen Befunde der sozialwissenschaftlichen Forschung erweitern. Indem (ideal-)typische Muster von Arbeitsorientierungen identifiziert werden, können Aussagen über die grundlegenden Einstellungen von Führungskräften zu Erwerbsarbeit, Beruf und Partizipation getroffen werden. Darüber hinaus wird der Zusammenhang von Arbeitsorientierungstypen und personen- sowie organisationsbezogenen Merkmalen untersucht. Basierend auf diesen Erkenntnissen können die Korrelationen mit bestimmten Partizipationspräferenzen betrachtet werden: Welche Erwartungen an strategische und operative Partizipation lassen sich bei den Führungskräften empirisch nachweisen und wie beurteilen sie die bestehenden institutionellen Formen der Beteiligung (betriebliche Mitbestimmung, Sprecherausschüsse) sowie andere Formen der Interessenregulierung (beispielsweise Verhandlungslösungen oder gemeinsame Gremien)?

Die bisherigen Studien zu hochqualifizierten Angestellten und Führungskräften basieren jedoch zumeist fast ausschließlich auf Fallstudien und qualitativ-induktiv gewonnenen Typologien, deren Generalisierbarkeit fragwürdig ist und häufig auch gar nicht thematisiert wird. Über die empirische Verbreitung vorgefundener Muster etwa von Arbeits- oder Partizipationsorientierungen können die vorliegenden Studien nur wenig Auskunft geben. Vor diesem Hintergrund stellen die im Folgenden zu präsentierenden Ergebnisse einer Befragung von 1.597 außertariflichen und leitenden Angestellten nun erstmals eine breite quantitative Datenbasis für den Bereich der chemischen Industrie zur Verfügung und ermöglicht so eine stärkere empirische Fundierung des Wissens über die Arbeits- und Partizipationsorientierungen dieser wachsenden Gruppe von Akademikern und Führungskräften[6]. Die Studie bindet dabei die Ergebnisse und Typisierungsversuche der vorliegenden sozialwissenschaftlichen Forschung ein und kann dadurch einen Beitrag zur sozialwissenschaftlichen Diskussion um die Verallgemeinerbarkeit vorliegender Charakterisierungen und Typenbildungen leisten. Sie kann darüber hinaus zur Versachlichung der gesellschaftspolitischen Diskussion um die Stellung der Führungskräfte in der Wirtschaft, ihrer Erwerbs- und Partizipationserwartungen und ihrer Haltung zu den institutionellen Mechanismen der Interessenregulierung (wie zum Beispiel Betriebsräten und Sprecherausschüssen) leisten.

6 Zur Bedeutung und zum Bedeutungszuwachs der Gruppe der akademischen und hochqualifizierten Beschäftigten vgl. auch Kapitel 3.

3 Führungskräftebefragung Chemie

3.1 Untersuchungsfeld

Die chemische Industrie[7] ist die, nach der Automobilindustrie, dem Maschinenbau und der Elektroindustrie[8], nach Umsatz viertgrößte Branche des verarbeitenden Gewerbes in Deutschland (vgl. VCI 2007a: 42ff.; sowie Angaben des Statistischen Bundesamtes 2008: 379). Damit bildet die Chemiebranche einen der »Kernsektoren der deutschen Industrie« (Briken 1999: 83)[9]. Im Jahr 2006 wurden in den Unternehmen der chemischen Industrie circa 162,2 Milliarden Euro umgesetzt, was einen Anteil von 10 Prozent am Gesamtumsatz des verarbeitenden Gewerbes in Deutschland ausmacht. Der Umsatz der Chemiebranche ist dabei in den vergangenen drei Jahren um fast 19 Prozent gestiegen (2003: 136,4 Milliarden Euro). Im internationalen Vergleich liegt die deutsche chemische Industrie nach Umsatz auf dem vierten Rang hinter den USA, China und Japan und stellt in Europa die Spitze dar (vgl. auch BAVC, Institut der Deutschen Wirtschaft Köln 2005: 5).

Zudem beschäftigt »die deutsche Chemische Industrie [...] mehr Menschen als die Chemie in den europäischen Nachbarländern oder die in Japan« (VCI 2007c: 7). In den 1.875 Betrieben der Branche gab es im Jahr 2006 436.005 Beschäftigte (VCI 2007a: 52). Im Vergleich zum Vorjahr bedeutete dies einen Rückgang von 4.807 Arbeitsplätzen (circa 1 Prozent der Beschäftigtenzahl). Im Jahr 1995 lag die Zahl der Beschäftigten sogar noch bei deutlich über einer halben Million (515.389 in 1995; vgl. VCI

7 Hier wird mit »chemischer Industrie« jene Branche bezeichnet, die nach der Klassifikation der Wirtschaftszweige 2003 des Statistischen Bundesamtes im Unterabschnitt DG »Herstellung von chemischen Erzeugnissen« (Statistisches Bundesamt 2003: 215ff.) aufgeführt ist.

8 »Herstellung von Büromaschinen, DV-Geräten und -einrichtungen, Elektrotechnik usw.« (VCI 2007a: 44)

9 Zur Entwicklung der chemischen Industrie in Deutschland vgl. Briken 2004: 19ff.

2007c: 54). Gründe für den Rückgang der Beschäftigtenzahl sind mitunter in »erheblichen Outsourcing-Aktivitäten« (BAVC 2005: 7) zu finden. Zum Jahr 2007 stieg die Zahl der Beschäftigten in der chemischen Industrie im Vergleich zu 2006 um 0,2 Prozent auf nun insgesamt 436.900 Mitarbeiter leicht an, für das Jahr 2008 prognostiziert der VAA eine konstante Beschäftigtenzahl (vgl. VAA 2008: 11). Insgesamt ist die Chemiebranche nach Maschinenbau, Elektroindustrie, Automobilindustrie, Herstellung von Metallerzeugnissen und Ernährungsindustrie der sechstgrößte Arbeitgeber in Deutschland.

Die Mehrzahl der hier Beschäftigten arbeitete in den insgesamt 67 Unternehmen mit über 1000 Mitarbeitern (53 Prozent in 2005; vgl. VCI 2007c: 48). Die Branche wird dabei insgesamt durch einige große Konzerne dominiert; allein BASF SE und Bayer AG zählen jeweils über, beziehungsweise knapp unter, 100.000 Beschäftigte weltweit, von denen ein großer Teil in Deutschland arbeitet (vgl. VCI 2007b). Der regionale Schwerpunkt der Chemiebranche Deutschlands befindet sich in Nordrhein-Westfalen. Hier wurde in 2006 mit 41,18 Milliarden Euro fast ein Drittel (32 Prozent) des Gesamtumsatzes der Wirtschaftssparte erzielt. Mit einigem Abstand folgen dahinter Rheinland-Pfalz (12 Prozent), Hessen (11 Prozent), Bayern (11 Prozent) und Baden-Württemberg (10 Prozent). In diesen fünf Bundesländern wird somit über drei Viertel des Umsatzes der chemischen Industrie erwirtschaftet. Auch mit Blick auf die Beschäftigtenanteile verstärkt sich das Bild der starken Konzentration der Chemiebranche auf diese Bundesländer: Hier lag in 2006 ebenfalls Nordrhein-Westfalen an der Spitze (25 Prozent), gefolgt von Bayern (14 Prozent), Baden-Württemberg (13 Prozent), Hessen (13 Prozent) und Rheinland-Pfalz (12 Prozent). Zusammengerechnet ergibt sich somit ein Anteil von fast 80 Prozent an allen Beschäftigten in der chemischen Industrie.

Diese Konzentration der Branche auf einige wenige Bundesländer ist bedingt durch die spezifischen Produktionsverfahren und -prozesse in der Chemieindustrie. Zwar ist die Produktion chemischer Erzeugnisse durch eine große Vielzahl verschiedener Produkte und Produktionsverfahren gekennzeichnet[10]. Trotzdem ist eine klare Unterscheidung zwischen einzelnen Teilbereichen der chemischen Produktion oftmals nicht möglich. Denn in der Chemieindustrie fallen während der Produktion häufig Neben- und Abfallerzeugnisse an, die in anderen Zweigen der Branche benötigt und weiterverarbeitet werden: »Ein Großteil der chemischen Erzeugnisse liefert die Chemische Industrie [...] an sich selbst« (VCI 2007c: 3). Dies zieht eine enge Verknüpfung der verschiedenen Produktionsbereiche nach sich. So siedeln sich an einem Standort oftmals verschiedene Unternehmen oder unterschiedliche Produktionsbereiche eines Konzerns an, um Synergieeffekte nutzen zu können. In Deutschland hat sich so das Konzept der Chemieparks entwickelt, in denen Unternehmen eine gemeinsame, chemietypische Infrastruktur sowie oftmals auch weitere Dienstleistungen angeboten werden. Der Verband der Chemischen Industrie (VCI) als Interessenvertretung deutscher Chemieunternehmen bezeichnet die Chemieparks als Standortvorteil der deutschen Chemie (vgl. www.chemicalparks.com). Durch die starke Vernetzung verschiedener Produktionsverfahren und -bereiche »ergibt sich somit auch laufend die Notwendigkeit, unter wirtschaftlichen Gesichtspunkten nach neuen Produktalternativen zu suchen, um Rohstoffe für andere Produkte zu gewinnen, bzw. Neben- und Abfallstoffe wirtschaftlich weiterzuverwenden« (Faust et al. 2000: 55). Diese Anforderungen bewirken, dass bereits auf unteren Ebenen im Produktionsprozess die Forschungs- und Entwicklungstätigkeiten (sowie sonstige wissenschaftliche Expertise) einen wichtigen Stellenwert

---

10 So wird in der Klassifikation der Wirtschaftszweige (Statistisches Bundesamt 2007) im Abschnitt C in der Abteilung 20: »Herstellung von chemischen Erzeugnissen« (vgl. Statistisches Bundesamt 2007: 12ff.) bereits zwischen sechs Teilbereichen unterschieden, welche sich wiederum in eine Vielzahl von Untergruppen gliedern. Diese lauten: »Herstellung von chemischen Grundstoffen, Düngemitteln und Stickstoffverbindungen«, Kunststoffen in Primärformen und synthetischem Kautschuk in Primärformen«, »Herstellung von Schädlingsbekämpfungs-, Pflanzenschutz- und Desinfektionsmitteln«, »Herstellung von Anstrichmitteln, Druckfarben und Kitten«, »Herstellung von Seifen, Wasch-, Reinigungs- und Körperpflegemitteln sowie von Duftstoffen«, »Herstellung von sonstigen chemischen Erzeugnissen« sowie »Herstellung von Chemiefasern« (vgl. Statistisches Bundesamt 2007: 12ff.). Zusätzlich wird in der Klassifikation der Wirtschaftszweige im Abschnitt C, Abteilung 21, die »Herstellung von pharmazeutischen Erzeugnissen« aufgeführt (Statistisches Bundesamt 2007: 13). Dies ist ein Wirtschaftsbereich der in weiten Teilen ebenfalls noch der chemischen Industrie zugeordnet werden kann und in dem zudem eine größere Zahl der VAA-Mitglieder beschäftigt ist. In der vorherigen Fassung der Klassifikation der Wirtschaftszweige (WZ 2003), war diese Abteilung auch noch als Teilbereich der »Herstellung von chemischen Erzeugnissen« verzeichnet (vgl. Statistisches Bundesamt 2003: 215ff.).

einnehmen. Faust et al. resümieren daher: »Die Chemieindustrie ist generell eine forschungs- und entwicklungsintensive, wissenschaftlich-professionell geprägte Industrie« (Faust et al. 2000: 55)[11]. So sind in dieser Branche die Aufwendungen für Forschung und Entwicklung im Vergleich zu anderen Branchen mit circa 8,8 Milliarden Euro in 2006 hoch. Dies entspricht einem Anteil von etwa 5 Prozent am Gesamtumsatz der Branche[12] (vgl. VCI 2007a: 92). Mit über 41.000 Mitarbeitern waren in diesem Bereich immerhin gut 9 Prozent aller Arbeitnehmer der chemischen Industrie beschäftigt (im Jahr 2005).

Fach- und Führungskräfte in der chemischen Industrie

Entsprechend des forschungs- und entwicklungsintensiven Charakters der chemischen Industrie liegt der Anteil der akademisch ausgebildeten Beschäftigten mit 15 Prozent (im Jahr 2004; vgl. VCI 2007b sowie BAVC 2004) ebenfalls recht hoch und steigt tendenziell (BAVC 2004; BAVC 2007; BAVC 2008; VAA 2008: 11).[13] Der Anteil der in dieser Studie im Blickpunkt stehenden AT-Angestellten (inklusive der leitenden Angestellten) lag im Jahr 2004 ebenso bei gut 15 Prozent (vgl. BAVC 2004). Beide Gruppen sind nicht deckungsgleich, überschneiden sich jedoch in weiten Teilen.

Die akademisch ausgebildeten Beschäftigten und der AT-Bereich allgemein nehmen eine besondere Position im Gefüge der betrieblichen Interessengruppen ein. Kotthoff (1997) bezeichnet diese abhängig beschäftigten Fach- und Führungskräfte, wie bereits beschrieben, als »Hochqualifizierte Angestellte« (HQA). Diese können von anderen Angestellten dadurch abgegrenzt werden, »daß sie meist ein Hochschul- oder Fachhochschulstudium absolviert haben, daß sie in der Regel den betrieblichen Sta-

---

11 Dieser Umstand ist auch historisch bedingt, wie Briken ausführt: »die Chemische Industrie [entwickelte sich; Anm. d. V.] im Gegensatz zur Mehrzahl industrieller Branchen im neunzehnten Jahrhundert aus einer wissenschaftlich begründeten Tradition« (Briken 1999: 840).

12 Zum Vergleich: Im gesamten Verarbeitenden Gewerbe lag der Anteil von Aufwendungen für Forschung und Entwicklung am Gesamtumsatz 2006 bei circa 2,8 Prozent (eigene Berechnungen auf Grundlage von VCI 2007a).

13 Der Anteil höher qualifizierter Beschäftigung wächst in Deutschland auch branchenübergreifend, die Gründe hierfür sind dabei vielfältig. Für eine Übersicht siehe Seyda 2004.

tus des außertariflichen Angestellten haben und daß sie Leitungsfunktionen« (Kotthoff 1997: 11) gegenüber anderen Arbeitnehmern innehaben. Führungskräfte sind technische, naturwissenschaftliche, kaufmännische oder Organisations- und Verwaltungsexperten. Ihre Positionen in den Firmenhierarchien sind beispielsweise die eines Team-, Gruppen- und Abteilungsleiters (vgl. Kotthoff 1997: 11), aber auch die Funktionen Labor- oder Projektleiter sind hier vertreten.

In der vorliegenden Studie werden daher mit dem Begriff »Fach- und Führungskräfte« nicht ausschließlich die leitenden Angestellten bezeichnet, sondern alle außertariflich Beschäftigten. Nach dem Betriebsverfassungsgesetz gelten als leitende Angestellte diejenigen Beschäftigten, die mindestens eine der folgenden Aufgaben im Unternehmen wahrnehmen (vgl. BetrVG Paragraph 5, Absätze 3 und 4):

- Selbstständige Einstellungen oder Entlassungen von im Unternehmen beschäftigten Arbeitnehmern,
- Besitz von Generalvollmachten oder Prokura, die im Vergleich zum Arbeitgeber als nicht unbedeutend einzustufen sind,
- Regelmäßige Übernahme von Aufgaben, die für den Bestand und die Entwicklung des Unternehmens von Bedeutung sind und deren Durchführung nur von besonders qualifizierten Personen übernommen werden kann, wenn Entscheidungen darüber weitgehend frei von Weisungen sind.

Im Zweifel sind all diejenigen Führungskräfte als leitende Angestellte zu betrachten, die entweder zu einer Leitungsebene gehören, auf der betriebsüblich nur leitende Angestellte tätig sind oder die eine Entlohnung erhalten, die betriebsüblich nur leitenden Angestellten vorbehalten ist. In Streitfällen kann über den Leitendenstatus einer Führungskraft gerichtlich entschieden werden (vgl. BetrVG Paragraph 5, Absatz 4). Für die Chemieindustrie besteht seit 1989 eine »seinerzeit als Friedenspapier bezeichnete« (BAVC 2002: 3) Vereinbarung zwischen Bundesarbeitgeberverband Chemie e.V. (BAVC), der Industriegewerkschaft Bergbau, Chemie, Energie (IG BCE) und dem VAA zur Abgrenzung der leitenden Angestellten. Zuletzt wurde diese chemietypische Regelung der Abgrenzung leitender Angestellter in einer Sozialpartnervereinbarung von 2002 – bei nur kleineren Anpassungen an veränderte Rahmenbedingungen – nochmals inhaltlich bestätigt. Danach ist in der chemischen Industrie eine Führungskraft dann als leitender Angestellter einzugruppieren, wenn die Person über organisatorische Merkmale wie Vollmachten oder die Zugehörigkeit zu einer Leitungsebene verfügt. Hinzu kommen Funktionsmerkmale wie Sachverantwortung, Personalverantwortung sowie die Erbringung von »Wissens- und Denkleistungen« (vgl. BAVC 2002 und VAA 2002).

Damit wird auch in der chemischen Industrie die Zuordnung der außertariflichen Angestellten zum Status »leitender Angestellter« nach den Vorgaben des schon vorgestellten Paragraph 5 des Betriebsverfassungsgesetzes vorgenommen. Darüber hinaus behalten sich Tarifpartner jedoch auch Auslegungskriterien für die letztliche Einordnung vor: »So sollen unternehmensbezogene Merkmale sicherstellen, dass die Verhältnisse des jeweiligen Unternehmens ausschlaggebend sind« (BAVC 2002: 3). Diesen Definitionen folgend werden im Weiteren »leitende Angestellte« (LA) und AT-Angestellte (AT) ohne Leitungsfunktion unterschieden.

Diese Einordnung der Führungskräfte zu den leitenden Angestellten beziehungsweise den nicht-leitenden AT-Beschäftigten hat für deren Mitbestimmungs- und Beteiligungsmöglichkeiten in den Unternehmen weitreichende Folgen: Während die nicht-leitenden AT-Angestellten unter das Betriebsverfassungsgesetz fallen und sie somit auf der betrieblichen Ebene durch Betriebsräte vertreten werden, gilt für die leitenden Angestellten das Sprecherausschussgesetz, welches als betriebliche Interessenvertretung für leitende Angestellte den Sprecherausschuss vorsieht.[14] Im Gegensatz zu Betriebsräten haben Sprecherausschüsse jedoch nur Unterrichtungs- und Beratungsrechte, aber keine Mitbestimmungsrechte. Ein wesentliches Motiv für die eigenständige Vertretung von leitenden Angestellten ist das bereits in den Kapiteln 1 und 2 beschriebene Spannungsfeld, in dem sie operieren: Sie üben in Teilen gegenüber anderen Beschäftigten eine »Arbeitgeberfunktion« aus, durch die bei einer gleichzeitigen Vertretung durch den Betriebsrat ein Interessenkonflikt entstünde (vgl. Kronisch 2001: 485). Als weiteres Argument wird genannt, dass Führungskräfte sowie insbesondere leitende Angestellte individuelle Interessenvertretungsform präferieren und sich durch kollektive Vertretungsmechanismen eher bevormundet fühlen (vgl. Kronisch 2001: 486).[15]

14 Für eine Zusammenfassung der weiteren arbeits- und vertretungsrechtlichen Besonderheiten siehe Kronisch 2001.

15 Gesetzlich verankert ist das Gremium des Sprecherausschusses erst seit 1988. Der VAA und sein Dachverband ULA vertraten jedoch bereits seit Ende der 1960er/Anfang 1970er Jahre die Forderung nach Einführung einer derartigen Interessenvertretung für Führungskräfte, da diese weder eindeutig auf Arbeitnehmer- noch auf Arbeitgeberseite zu verorten seien (vgl. Kurucz 1972).

Durch ihre hohe Qualifikation und ihre Führungsaufgaben nehmen sowohl leitende als auch nicht-leitende AT-Angestellte zum Teil Schlüsselpositionen im Unternehmen ein. Daher werden sie zum einen direkter am Unternehmenserfolg gemessen, zum anderen werden ihnen aber auch Privilegien eingeräumt, die sonstige Arbeitnehmer nicht erhalten. Weiterhin wird in einigen Unternehmen der chemischen Industrie auch jenen Führungskräften, die nicht den Status des leitenden Angestellten innehaben, eine andere Anerkennung und damit oftmals auch eine bessere Entlohnung seitens der Unternehmen zuteil als der übrigen Belegschaft, da sie ebenfalls einen mitunter entscheidenden Anteil am wirtschaftlichen Erfolg haben und zumindest zu Beginn der Berufslaufbahn von der Möglichkeit eines späteren Aufstiegs in der Unternehmenshierarchie ausgegangen wird. Dies kann sich beispielsweise an frühzeitiger Teilhabe an betrieblichen Zusatzleistungen wie der Bereitstellung eines Dienstwagens und ähnlichem äußern.

Aus diesen Merkmalen ergibt sich die besondere Stellung der Fach- und Führungskräfte im Unternehmen: Sie nehmen quasi eine Position zwischen der Geschäftsleitung und dem Rest der Belegschaft ein, die gewissermaßen als »Sandwich-Position« bezeichnet werden kann. Diese Doppelrolle als Arbeitgeber und Arbeitnehmer wurde in ähnlicher Form bereits in den 1970er Jahren insbesondere in Bezug auf promovierte Chemiker in der Industrie thematisiert (vgl. Kurucz 1972). Ein Schwerpunkt einer damaligen Befragung von VAA-Mitgliedern war deren »Standortproblem« (Kurucz 1972: 115ff.) – also die Frage danach, ob die Industriechemiker sich selbst eher als Arbeitnehmer oder als Arbeitgeber begreifen. Untersucht wurde dabei insbesondere auch, ob die Gruppe der Befragten eine Art »dritte Kraft« (Kurucz 1972: 116) im Unternehmen darstellten und sich dies in einem eigenständigen Vertretungsgremium wie dem Sprecherausschuss (vgl. Fußnote 15) in den Unternehmen widerspiegeln könnte. Eine derartige »Sonderbehandlung« wurde, wie bereits beschrieben, durch das 1988 erlassene Gesetz über Sprecherausschüsse der leitenden Angestellten (SprAuG) zumindest für einen Teil der außertariflichen Angestellten rechtlich umgesetzt. Der weitaus größere Teil der Führungskräfte, die AT-Angestellten ohne Leitungsfunktion, fällt jedoch weiterhin unter die Zuständigkeit der Betriebsräte.

Der Verband angestellter Akademiker und leitender Angestellter der chemischen Industrie

Der VAA ist nach eigenen Angaben mit circa 27.000 Mitgliedern (davon gut 17.000 derzeit beruflich aktive Mitglieder) der größte verbandliche Zusammenschluss von Führungskräften in Deutschland (vgl. VAA 2007: 5).[16] Dabei konzentriert sich der VAA »keineswegs allein auf die leitenden Angestellten der chemischen Industrie im strengen, betriebsverfassungsrechtlichen Sinne« (Faust et al. 2000: 381), sondern hat als Zielgruppe alle im weiteren Zusammenhang mit Führungsaufgaben befassten oder akademisch ausgebildeten Beschäftigten der Chemieindustrie und angrenzender Branchen im Blick (vgl. VAA 2008: 8ff.). Auf der Ebene der Unternehmen ist der VAA durch seine über 170 Werksgruppen vertreten, in denen etwa 82 Prozent seiner Mitglieder organisiert sind (vgl. VAA 2007: 5). Nach Faust et al. bilden diese Werksgruppen »das eigentliche Rückgrat der Organisation« (Faust et al. 2000: 381). Die Werksgruppen bestehen dabei vor allem in den größeren Unternehmen der chemischen Industrie und vertreten als primärer Ansprechpartner der Verbandsmitglieder »unabhängig vom betriebsverfassungsrechtlichen Status gleichermaßen die Interessen der AT-Angestellten und der leitenden Angestellten.« (VAA 2008a) So soll mit den Werksgruppen eine Verbindung zwischen den Sprecherausschüssen der leitenden Angestellten, den Betriebsräten und den VAA-Mitgliedern geschaffen werden (vgl. VAA 2008a; VAA 2008: 9). Laut Verbandsangaben sind die Haupttätigkeitsbereiche der Werksgruppen »die Schaffung beziehungsweise Beeinflussung adäquater Gehaltsstrukturen sowie die Sicherung betrieblicher Altersversorgungsregelungen« (vgl. VAA 2008a).

Der VAA ist seinem Namen nach die Interessenvertretung aller akademischen und leitenden Angestellten der chemischen Industrie. Dabei bietet er seinen Mitgliedern als Berufsverband eine Reihe von Dienstleistungen an:

»Dazu gehören Rechtsberatung, -schutz und -beistand, Zusammenarbeit auf Unternehmensebene, Vertretung bei Betriebs- und Aufsichtsräten und Sprecherausschüssen (der VAA dominiert die Sprecherausschüsse, er stellt 82 Prozent aller

16 Für das Jahr 2004 gibt der Verband 17.403 aktive Mitglieder an (VAA 2005: 16). Mit zum Befragungszeitpunkt 17.158 aktiven Mitgliedern hat sich diese Zahl auch in den vergangenen Jahren nicht signifikant verändert (vgl. VAA 2007: 18), auch aktuell gibt der Verband mit 17.173 aktiven Mitgliedern eine vergleichbare Größe an (vgl. VAA 2008: 13).

Mitglieder und 95 Prozent der Vorsitzenden; hinzu kommen 170 Betriebsratssitze in 95 Betrieben und im April 2007 64 Aufsichtsratsmandate in 50 mitbestimmten Unternehmen), die Evaluation des Berufsfeldes und -umfeldes, sowie die Bereitstellung weiterer Informationen, Veröffentlichungen (wie dem VAA-Magazin) und Vergünstigungen für die Mitglieder. Zusätzlich übernimmt der Verband die Interessenvertretung der Mitglieder nach außen durch Presse- und Öffentlichkeitsarbeit und deren direkte Vertretung bei relevanten Gesetzgebungsverfahren.« (Schroeder et al. 2008: 55)

Der VAA ist neben seiner Funktion als Führungskräfteverband auch eine tariffähige Gewerkschaft. Diese »Doppelnatur des Verbandes als Berufsgewerkschaft und -verband« (vgl. Kraushaar 2008: 418) ist eine Besonderheit unter den in der ULA organisierten Führungskräfteverbänden und stellt gleichsam ein Alleinstellungsmerkmal im Vergleich zu anderen Vereinigungen von Führungskräften dar. In seiner Funktion als Berufsgewerkschaft schließt der VAA beispielsweise mit dem Bundesarbeitgeberverband Chemie (BAVC) den »Tarifvertrag über Mindestjahresbezüge für akademisch gebildete Angestellte der chemischen Industrie« ab.[17] Der VAA nimmt damit in der Chemiebranche eine beachtliche Sonderrolle ein, denn seine Bedeutung und sein Organisationsgrad werden in anderen Branchen von sonstigen Führungskräfteverbänden nicht erreicht. So beschreiben Faust et al. den Einfluss und die Stärke des VAA in der chemischen Industrie (für die Zeit bis in die 90er Jahre) als »allenfalls noch mit der Bedeutung der DGB-Gewerkschaften im Arbeiterbereich vergleichbar« (Faust et al. 2000: 382). Diese exponierte Stellung des VAA als Interessenverband von hochqualifizierten Angestellten ist auch aktuell sowohl aufgrund der Besonderheit des Qualifikationsprofils seiner Mitglieder als auch wegen des äußerst hohen Organisationsgrades, weiterhin vorhanden. Zugleich ist der Organisationsbereich derzeit jedoch umkämpft, denn auch die im außertariflichen Bereich bislang nur schwach organisierte Industriegewerkschaft Bergbau, Chemie, Energie (IG BCE) hat in der letzten Zeit die AT-Beschäftigten als Zielgruppe gewerkschaftlicher Interessenvertretung für sich entdeckt (vgl. beispielsweise Glänzer 2008 und 2008a).[18] Vor dem Hinter-

17 Dieser Tarifvertrag wird bereits seit 1951 zwischen BAVC und VAA ausgehandelt und regelt die Jahresvergütungen von Akademikern in der chemischen Industrie im zweiten Berufsjahr. Darüber hinaus hat der VAA gemeinsam mit der IG BCE für die Gruppe der akademischen Angestellten einen Manteltarifvertrag abgeschlossen. (vgl. Bispinck/Dribbusch 2008: 158)

18 Der VAA selbst beschreibt das Verhältnis zur IG BCE als ein Nebeneinander, »in konstruktiver, sportlich fairer Konkurrenz in einigen Teilbereichen« (VAA 2007a).

grund der hier skizzierten überragenden Rolle des VAA für die Führungskräfte der chemischen Industrie ist eine Befragung seiner Mitglieder besonders geeignet, auf einer breiten quantitativen Basis die im Kapitel 2 beschriebenen grundlegenden Fragen aus der sozialwissenschaftlichen Angestelltenforschung wissenschaftlich zu bearbeiten.

3.2 Untersuchungsmethode

Die in den folgenden Kapiteln vorzustellenden Befunde basieren auf einer schriftlichen Befragung von 1.597 Führungskräften aus der chemischen Industrie. Die Befragungsteilnehmer wurden mittels einer disproportional geschichteten Zufallsstichprobe aus der Mitgliederdatei des »Verbandes angestellter Akademiker und leitender Angestellter der Chemischen Industrie e.V.« (VAA) ausgewählt. Wie im vorangehenden Abschnitt beschrieben, organisiert der VAA Fach- und Führungskräfte in der chemischen Industrie und dem Pharma-Bereiche (VAA 2000), unter den Mitgliedern des Verbandes befinden sich aber auch Beschäftigte angrenzender Branchen, wie etwa der Glasproduktion. Gegenüber einer reinen Betriebsbefragung können so Fach- und Führungskräfte aus der gesamten Branche mit der Befragung erreicht werden.

Zum Zeitpunkt der Erhebung beinhaltete die Mitgliederdatei 17.117 »aktive«, das heißt als berufstätig gekennzeichnete Mitglieder des VAA. Pensionäre, Studenten und Mitglieder mit einer »ruhenden Mitgliedschaft«, also Personen die zum Befragungszeitpunkt arbeitslos oder im Ausland beschäftigt waren, wurden bei der Stichprobenziehung nicht berücksichtigt. Die der Stichprobenziehung zugrundeliegende Grundgesamtheit umfasst demnach alle berufstätigen Verbandsmitglieder. Die Mitglieder des Verbandes stammen fast ausschließlich aus West-Deutschland, lediglich fünf Prozent der zum Erhebungszeitpunkt berufstätigen Führungskräfte leben in den neuen Bundesländern[19].

Die Stichprobe wurde nach Alter und Berufsabschluss und Fachrichtung der Mitglieder geschichtet. Schon Baethge et al. (1995) betonten den Einfluss lebensweltlicher Bedürfnisse auf die Karriere- und Arbeitseinstellungen der Führungskräfte. So wird auch hier angenommen, dass die Ar-

19 Quelle: VAA-Mitgliederdatei.

beits- und Partizipationsorientierungen der befragten Fach- und Führungskräfte insbesondere mit (berufs-)biographischen Einflüssen zusammenhängen. Die Schichtung soll sicherstellen, dass Beschäftigte aus möglichst allen relevanten Berufsfeldern in die Stichprobe gelangen können. Eine weitere, eigentlich sinnvolle, Schichtung nach Geschlecht konnte nicht durchgeführt werden, da die im Rahmen der vorgesehenen Bruttostichprobengröße resultierenden Zellbesetzungen zu gering geworden wären. Grundlage für die Schichtung nach Berufsgruppen ist die Selbsteinordnung der VAA-Mitglieder in die in der Mitgliederdatei erfassten Berufsgruppen.[20]

Tabelle 1: Zuordnung der Berufsgruppen zu Fachbereichen

Naturwissenschaftlich-technisch Berufe (12.924)	
- Diplom-Biochemiker	- Diplom-Ingenieur TU
- Diplom-Biologe	- Diplom-Mathematiker
- Diplom-Chemiker	- Diplom-Physiker
- Diplom-Ingenieur FH	- Ingenieur
Medizinisch-pharmazeutische Berufe (1.232)	
- Apotheker	- Mediziner
Andere Berufe (2.942)	
- Diplom-Betriebswirt	- Jurist
- Diplom-Kaufmann	- leitender kaufmännischer Angestellter
- Diplom-Landwirt	- leitender technischer Angestellter
- Diplom-Volkswirt	- sonstige Berufe
- FH-Absolvent	- wirtschafts-wissenschaftlicher Abschluss
- Hochschulabsolvent	

Quelle: VAA-Mitgliederdatei, Fallzahlen in Klammern

Die Berufsgruppen wurden für die weiteren Auswertungen zu drei Fachrichtungen zusammengefasst: naturwissenschaftlich-technische, medizinisch-pharmazeutische und andere Fachrichtungen. Letzterer Bereich umfasst vor allem wirtschaftswissenschaftliche Berufe beziehungsweise Abschlüsse, aber auch Diplom-Landwirte sowie weitere nicht näher bezeichnete Berufsgruppen. Eine vollständige Übersicht über die Zuordnung der Berufsgruppen gibt Tabelle 1.

Für die Schichtung nach dem Alter der Mitglieder wurden vier Altersklassen gebildet. Die Klassengrenzen wurden so festgelegt, dass sowohl

20 Vgl. https://www.vaa.de/mitglied-werden/; zuletzt geprüft am 05.08.2008.

»Berufseinsteiger« unter 35 Jahre wie auch Beschäftigte älter als 55 Jahre in ausreichender Zahl in der Stichprobe berücksichtigt werden können.

Tabelle 2: Auswahlsatz in den Schichtungszellen

	bis 35	*36 bis 45*	*46 bis 55*	*über 55*
Naturwissenschaftlich-technisch	1,00	0,15	0,10	0,20
Medizinisch	1,00	1,00	1,00	1,00
Kaufmännisch und sonstiges	1,00	0,60	0,35	0,70

Quelle: Eigene Berechnungen

Der Auswahlsatz (vgl. Tabelle 2) wurde für jede Zelle so angepasst, dass die Anzahl der Fälle für jede Merkmalskombination in der Bruttostichprobe[21] möglichst ausgeglichen ist. Bei schon in der Grundgesamtheit gering besetzten Zellen, insbesondere in den jüngeren und älteren Altersklassen, gelangten alle Adressdatensätze in die Bruttostichprobe. In den übrigen Schichtungszellen wurde entsprechend des Auswahlsatzes die jeweilige Anzahl von Mitgliedern mittels eines Zufallszahlverfahrens ausgewählt. Insgesamt wurden 5.080 Adressen in die Bruttostichprobe aufgenommen (vgl. Tabelle 3).

Tabelle 3: Bruttostichprobe

	bis 35	*36 bis 45*	*46 bis 55*	*über 55*	*Gesamt*
Naturwissenschaftlich-technisch	587	546	582	574	2.290
Medizinisch	92	416	541	183	1.232
Kaufmännisch und sonstiges	110	459	471	518	1.558
Summe	789	1421	1595	1275	5.080

Quelle: VAA Mitgliederdatei

Um die durch die Schichtung hervorgerufene Abweichung von der Grundgesamtheitspopulation auszugleichen, ist eine Rückgewichtung notwendig, wenn Aussagen bezüglich der Gesamtpopulation vorgenommen werden sollen. Es wurde eine »Rückgewichtung« mittels des reziproken Auswahlsatzes (vgl. Tabelle 4) vorgenommen. Dieses Vorgehen führt dazu, dass

21 Die Bruttostichprobe umfasst die im Rahmen der Befragung angeschrieben Mitglieder.

insbesondere die Fälle aus dem naturwissenschaftlich-technischen Bereich ein hohes Gewicht erhalten und so die deskriptiven Darstellungen stärker beeinflussen. Bedingt durch fehlende Antworten zum Alter beziehungsweise zur Fachrichtung konnten nur in 1.212 Fällen Gewichte berechnet werden. Um die restlichen Fälle dennoch in die Analyse mit aufnehmen zu können, wurde ihnen ein Gewicht von eins zugeordnet. Im Übrigen wurden alle deskriptiven Auswertungen auf Einflüsse der Schichtungsparameter geprüft. In einem zweiten Schritt werden zusätzlich Non-Respondens-Gewichte berechnet, um den leicht unterschiedlichen Antwortausfall zu korrigieren.

Tabelle 4: Auswahlsatz in den Zellen

	bis 35	*36 bis 45*	*46 bis 55*	*über 55*	*Gesamt*
Naturwissenschaftlich-technisch	0,32	0,06	0,04	0,05	0,06
Medizinisch-pharmazeutisch	0,30	0,25	0,24	0,18	0,24
Kaufmännisch und sonstiges	0,06	0,08	0,03	0,06	0,05
Gesamt	0,29	0,08	0,05	0,06	0,07

Quelle: Eigene Berechnungen

Die Befragung wurde in Form eines standardisierten schriftlichen Interviews durchgeführt. Der zehnseitige Fragebogen umfasste 48 Einzelfragen mit einer vorab kalkulierten Bearbeitungszeit von circa 30 Minuten. Die zum Teil umfangreichen Fragen wurden dabei nach dem Vorbild der »Tailored Design Method« erstellt (vgl. Dillman 2007).

Die Fragebögen wurden zusammen mit einem vorfrankierten Rückumschlag gestaffelt im Oktober 2007 versandt. Die Befragten hatten bis Ende November 2007 die Möglichkeit, die Fragebögen zurückzusenden, wobei jeweils ein Bearbeitungszeitraum von vier Wochen gewährt wurde. Die Rückumschläge waren direkt an den Lehrstuhl adressiert und wurden dort durch Mitarbeiter des Forschungsprojekts in einen Datensatz eingearbeitet.

Ende Dezember 2007 wurde die Feldphase bei einem Rücklauf von 31 Prozent beendet. Die Eingabe der Daten erfolgte mittels EPIDATA[22], einem Softwarepaket, welches bereits bei der Dateneingabe umfangreiche

---

22 Weitere Informationen zur Software unter www.epidata.dk; zuletzt geprüft am 16.02.2009.

Maßnahmen zur Qualitätssicherung ermöglicht. Mit Abschluss der Datenaufbereitung, bei der wenige Fragebögen bereits pensionierter Verbandsmitglieder entfernt wurden, umfasste die Nettostichprobe 1597 Fälle.

3.3 Stichprobenqualität

Die Qualität der Stichprobe lässt sich zumindest für registrierte Merkmale durch den Vergleich der Stichprobenparameter mit denen der Grundgesamtheit der VAA-Mitglieder abschätzen. So liegt der Frauenanteil in der Stichprobe mit 12,7 Prozent (ungewichtet 17,1 Prozent, 270 Fälle) leicht unter dem entsprechenden Anteil in der Grundgesamtheit von 13,3 Prozent. Das Durchschnittsalter der Befragten liegt bei 48,9 Jahren (ungewichtet 46,2 Jahre). Die Verteilung der Befragten auf verschiedene Altersklassen zeigt, dass die Altersklasse von 46 bis 55 Jahren mit 32 Prozent am stärksten besetzt ist. Die Altersklasse von 36 bis 45 Jahren ist mit 30 Prozent etwas schwächer besetzt. Der Anteil von unter 35-jährigen und über 55-jährigen ist mit 18 Prozent beziehungsweise 20 Prozent deutlich geringer (vgl. Tabelle 5). Zumindest für diese Merkmale kann also gezeigt werden, dass unter Berücksichtigung der Gewichtung die Merkmalsverteilungen der Grundgesamtheit recht gut reproduziert werden können.

Tabelle 5: Altersverteilung in Grundgesamtheit und Stichprobe

	Grundgesamtheit	*Stichprobe (gewichtet)*	*Stichprobe (ungewichtet)*	*Anzahl Stichprobe*
bis 35	4,6	4,7	18,3	232
36 bis 45	28,2	27,6	29,5	373
46 bis 55	45,0	45,0	32,4	410
über 55	22,2	22,6	19,8	251
Gesamt	100,0	100,0	100,0	1.266
Fehlend	3	329	329	329

Quelle: Eigene Berechnungen; Angaben in Prozent

Die Verteilung der Befragten auf die Berufsgruppen weicht aufgrund der Schichtung deutlich von der Grundgesamtheit der VAA-Mitglieder ab: Den »naturwissenschaftlich/technischen« Berufen können in der Befragung nur 58 Prozent zugeordnet werden, während 76 Prozent aller aktiven VAA-Mitglieder einen Beruf in dieser Fachrichtung ausüben. Gemäß der disproportionalen Auswahl findet sich unter den Befragten mit 21 Prozent ein fast dreimal so großer Anteil von »medizinisch/pharmazeutischen« Berufen wie in der Grundgesamtheit. Der Anteil der »kaufmännischen und sonstigen« Berufe liegt mit 20 Prozent der Befragten ähnlich hoch wie bei allen VAA-Mitgliedern (17 Prozent).

In Bezug auf die Gruppe der Führungskräfte in der Chemiebranche insgesamt kann der Stichprobe ein gewisser »Verbands-Bias« unterstellt werden. Die Neigung zum Beitritt zu einem Verband wie dem VAA korreliert sicherlich mit spezifischen Einstellungen sowie auch bestimmten demographischen Merkmalen. Aufgrund fehlender Daten für die Gesamtheit der Führungskräfte in der chemischen Industrie lassen sich nur bei einigen Merkmalen genauere Aussagen über die unterstellten Abweichungen treffen: Mit Blick auf die Berufsgruppen dominieren unter den Befragten naturwissenschaftliche Berufe (insbesondere Chemiker 31 Prozent) sowie technische Berufe (Ingenieure 22 Prozent). Diese Eckdaten entsprechen den Angaben des VCI zur Struktur der Akademiker in der Chemieindustrie (vgl. VCI 2009). Der Anteil von 13 Prozent weiblichen VAA-Mitgliedern liegt deutlich unter dem Branchendurchschnitt. Der Arbeitgeberverband Chemie weist für das Jahr 2007 einen Frauenanteil von 22 Prozent an allen Führungskräften aus (vgl. BAVC 2008). Der Unterschied in der Durchschnittsbetrachtung kommt insbesondere durch den deutlich höheren Anteil von leitenden Angestellten im VAA zustande. Während in der chemischen Industrie insgesamt das Verhältnis zwischen leitenden und anderen AT-Angestellten eins zu vier beträgt, ist das Verhältnis im VAA nahezu ausgeglichen. Wird der Frauenanteil für leitende und andere AT-Angestellte getrennt ausgewertet, verringern sich die Unterschiede deutlich: Der Anteil von 7 Prozent Frauen unter den befragten leitenden Angestellten (10 Prozent ungewichtet) entspricht schon eher dem vom BAVC ermittelten Wert. Auch bei den AT-Angestellten gleichen sich die Anteilswerte mit 20 Prozent unter den Befragten (24 Prozent ungewichtet) und 20 Prozent in den BAVC-Daten.

Trotzdem kann aufgrund des recht hohen Organisationsgrades des VAA (vgl. Kapitel 3) davon ausgegangen werden, dass die Ergebnisse dieses Berichts sich auf einen relevanten Teil der Führungskräfte beziehen. Die Auswahl der Stichprobe aus der Mitgliedschaft des VAA bedingt jedoch zwei andere zu beachtende Faktoren: Zum einen sind die befragten

Führungskräfte oftmals in großen Unternehmen beschäftigt, was durch die stärkere Verbreitung des VAA in diesen Unternehmen bedingt ist (vgl. VAA 2006: 9). Zum anderen ist insbesondere der Anteil von leitenden Angestellten im Datensatz gemessen an der chemischen Industrie insgesamt überproportional hoch (vgl. Kapitel 4). Insgesamt kann jedoch in Bezug auf die dieser Studie zugrunde liegenden Datenbasis festgehalten werden, dass sie eine relevante und für den Verband VAA repräsentative, große Gruppe von Führungskräften in die Betrachtung einbezieht. Dies ist in bisherigen Studien zu leitenden Angestellten meist nicht in vergleichbarer Form geschehen (vgl. Kapitel 2).

Tabelle 6: Frauen in der chemischen Industrie

Anteil…	*1988*	*1994*	*1998*	*2001*	*2004*	*2007*
… an allen Führungskräften[28]	7,7	11,2	15,2	16,9	20,3	22,0
… an den AT-Angestellten (ohne leitende)	8,1	12,0	15,6	16,4	20,4	20,2
… an den leitenden Angestellten	1,7	3,0	4,1	6,3	8,1	11,1

Quelle: BAVC Informationsbrief 7/2008; Angaben in Prozent; ab 2004 einschließlich der neuen Bundesländer

28 Die Kategorie »alle Führungskräfte« umfasst neben leitenden und anderen AT-Angestellten auch andere akademische Angestellte.

4 Unterscheidungsmerkmale und Charakteristika von Führungskräften

Bevor in den nachfolgenden Kapiteln Arbeits- und Partizipationsorientierungen von Führungskräften thematisiert werden, scheint es sinnvoll, die Arbeitsbedingungen und individuellen Charakteristika der Befragten in den Blick zu nehmen, denn diese können bereits Hinweise für verschiedene Interessenlagen und Orientierungstypen liefern: Fast alle Befragten übernehmen Führungs- oder gehobene Fachpositionen: 75 Prozent der Befragten sind mit Personalführungsaufgaben betraut. Sie sind fast ausnahmslos AT-Angestellte, die Tarifangestellten machen im Datensatz mit 47 Fällen nur einen sehr kleinen Anteil aus (3 Prozent). Von den Befragten sind nach deren Angaben rund die Hälfte zur Gruppe der leitenden Angestellten (51 Prozent) und die andere Hälfte zu den anderen AT-Angestellten ohne leitende Funktionen (49 Prozent) zu zählen. Das Alter der Befragten korreliert dabei mit ihrem (betrieblichen) Status: Während das Durchschnittsalter bei den leitenden Angestellten bei 49,7 Jahren liegt, ist es bei den anderen AT-Angestellten mit 42,7 Jahren vergleichsweise niedriger. Mit der Befragung wurden insbesondere hochqualifizierte Beschäftigte der chemischen Industrie erfasst. So haben 78 Prozent der Befragten eine Hochschulausbildung absolviert, weitere 11 Prozent verfügen über einen Fachhochschulabschluss. 61 Prozent der Befragten sind darüber hinaus promoviert.

Der überwiegende Teil der Befragten ist verheiratet oder lebt in einer eheähnlichen Gemeinschaft (84 Prozent); bei etwa der Hälfte der Befragten (46 Prozent) leben Kinder unter 18 Jahren im Haushalt. Jeweils rund ein Drittel gibt dabei an, dass ihr Lebenspartner entweder vollzeitbeschäftigt, teilzeitbeschäftig oder nicht berufstätig ist. Dabei zeichnet sich eine traditionelle Rollenteilung in den Arbeits- und Lebenszusammenhängen der Befragten ab. So ist der Anteil der Lebenspartnerinnen, die vollzeitbeschäftigt sind bei Paaren mit Kindern deutlich niedriger als bei kinderlosen Paaren.

Die Verteilung der Befragten nach ihrer Position im Unternehmen kann der folgenden Abbildung 1 entnommen werden.[24] Etwa ein Drittel der Befragten ordnet sich dem mittleren Management zu. Weitere 9 Prozent gaben an, in der erweiterten Geschäftsführung beziehungsweise im oberen Management tätig zu sein. Ein Anteil von 16 Prozent der Befragten ordnet sich einer unteren Managementposition zu. Rund 43 Prozent sehen sich hingegen in einer Fachposition, die bei mehr als der Hälfte der Befragten auch Führungsaufgaben umfasst.

Abbildung 1: Position im Unternehmen

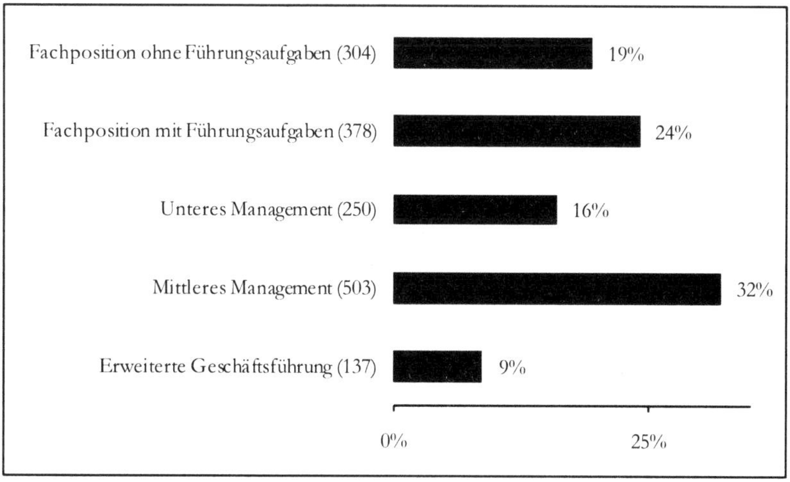

Quelle: Eigene Berechnungen; Fallzahlen in Klammern

Insgesamt übernehmen also mehr als drei Viertel der Befragten Aufgaben in der Mitarbeiterführung[25] Bei den Befragten, die angaben, keine Führungsverantwortung gegenüber anderen Arbeitnehmern zu haben, handelt es sich erwartungsgemäß insbesondere um diejenigen, die sich selbst in einer Fachpositionen ohne Führungsaufgaben sehen. Bemerkenswerterweise

24 Die abgefragten Kategorien wurden im Diskussionsprozess mit Experten des VAA entwickelt. Sie stellen eine Rangfolge verschiedener Hierarchieebenen dar. Da die Befragten hier eine Selbsteinschätzung vornehmen sollten, ist nicht gewährleistet, dass die bei dieser Frage gemachten Angaben jeweils mit möglichen Fremdeinstufungen völlig übereinstimmen sind; dies gilt es insbesondere zu beachten, weil viele Unternehmen eine andere Struktur der Führungsebenen aufweisen.

25 Die Befragungsteilnehmer sollten angeben, ob es zu ihren beruflichen Aufgaben gehört andere Arbeitnehmer zu führen beziehungsweise ihnen zu sagen, was sie tun müssen.

finden sich jedoch auch im mittleren und unteren Management zahlreiche Beschäftigte ohne Führungsverantwortung. Bezieht man die Angaben zur Positionsbezeichnung dieser Befragten mit in die Betrachtung ein, lässt sich vermuten, dass viele Führungskräfte aus dieser Gruppe in bedeutsamen Positionen arbeiten ohne Führungsaufgaben zu übernehmen, so finden sich unter den Befragten beispielsweise »Key Account Manager« oder »Business Development Manager«. Die Leitungsspanne umfasst bei über der Hälfte (53 Prozent) der der Befragten mit Führungsverantwortung bis zu zehn Mitarbeiter; weitere 14 Prozent haben Leitungsfunktion für elf bis zwanzig Mitarbeiter und 24 Prozent haben eine Führungsfunktion für einundzwanzig bis hundert Mitarbeiter inne. Die restlichen 9 Prozent tragen Verantwortung für mehr als Hundert Beschäftigte.

Entscheidungen über Einstellungen oder Entlassungen sind insbesondere den oberen Führungsebenen vorbehalten. So treffen nahezu alle Vertreter der erweiterten Geschäftsführung (93 Prozent) und zwei Drittel des mittleren Managements (69 Prozent) Personalentscheidungen. Im unteren Management und von den Beschäftigten in Fachpositionen werden hingegen seltener eigenständig Personalentscheidungen getroffen. Insgesamt sind etwas mehr als die Hälfte (57 Prozent) der Befragten nicht mit solchen Personalentscheidungen betraut – was in Anbetracht der Voraussetzungen für die Zuerkennung des Leitenden-Status (vgl. Kapitel 3) durchaus zu erwarten war.

Die befragten Führungskräfte sind in unterschiedlichen Funktionsbereichen tätig. Dabei dominiert der Bereich »Forschung & Entwicklung«, dem sich rund 30 Prozent der Befragten zuordnen, 17 Prozent nannten den Produktionsbereich als Tätigkeitsfeld und weitere 10 Prozent sind im »Vertrieb/kaufmännischen Marketing« beschäftigt. Der Anteil der weiteren Funktionsbereiche liegt jeweils unter 5 Prozent.

4.1 Wirtschaftliche Rahmenbedingungen

Wie zuvor gezeigt werden konnte, übernehmen die Befragten durchaus sehr unterschiedliche Aufgaben in den Unternehmen. Im Folgenden sollen daher die konkreten Arbeits- und Beschäftigungsbedingungen der befragten Führungskräfte genauer betrachtet werden. In welchen Unternehmen arbeiten sie? Unter welchen Bedingungen (Entlohnung, Arbeitszeiten) leisten sie ihren Beitrag für die Unternehmen?

Die chemische Industrie ist durch Großunternehmen geprägt: Der Anteil von Beschäftigten in Unternehmen mit mehr als 500 Mitarbeitern liegt bei circa 64 Prozent (vgl. VCI 2007: 48). Dieser Anteil ist unter den Befragten mit über 90 Prozent noch einmal deutlich höher. Zwei Drittel der Befragten sind dabei in den großen Konzernen mit mehr als 10.000 Beschäftigten tätig und fast drei Viertel der Befragten (74 Prozent) arbeiten an einem Standort mit mehr als 500 Beschäftigten.

Die Unternehmensstandorte selbst liegen zum großen Teil in den alten Bundesländern: 90 Prozent der befragten Führungskräfte arbeiten an Unternehmensstandorten in West-Deutschland, was auch durch die Dominanz der chemischen Industrie in diesen Bundesländern und die wenigen Standorte von Chemieunternehmen in Ost-Deutschland zu erklären ist (vgl. dazu auch Kapitel 3).

Die hohe Bedeutung der tarifvertraglichen Regulierung in der chemischen Industrie spiegelt sich auch in der Befragung wider: Nahezu alle Befragten (90 Prozent) gaben an, dass ihr Unternehmen tarifvertraglich gebunden ist und nur 6 Prozent antworteten, dass in ihrem Unternehmen kein Tarifvertrag gilt, weitere 4 Prozent konnten keine Angaben machen. Damit ist die tarifvertragliche Bindung in den Unternehmen der Befragten deutlich höher als die in der Gesamtwirtschaft, wo die Tarifbindung der Beschäftigten im Jahr 2007 für West-Deutschland bei 63 Prozent und für Ost-Deutschland bei 54 Prozent lag (Branchen- und Firmentarifverträge; vgl. Ellguth/Kohaut 2008).

Die wirtschaftliche Situation des eigenen Unternehmens bewerten die befragten Führungskräfte mehrheitlich mit gut (40 Prozent) bis sehr gut (37 Prozent). Nur 7 Prozent schätzen die wirtschaftliche Situation schlecht oder sehr schlecht ein. Vor drei Jahren hingegen war die wirtschaftliche Situation des eigenen Unternehmens aus Sicht der Befragten noch deutlich schlechter; »nur« jeder zweite bewertet die damalige Situation als gut oder sehr gut. Immerhin rund 20 Prozent beurteilen diese hingegen für den damaligen Zeitpunkt als schlecht bis sehr schlecht (vgl. Abbildung 2).

Abbildung 2: Bewertung der wirtschaftlichen Lage der Unternehmen

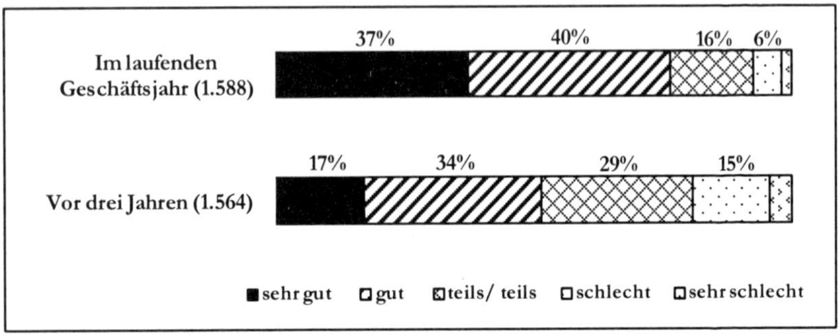

Quelle: Eigene Berechnungen; Fallzahlen in Klammern

Die positive wirtschaftliche Entwicklung der Branche in den letzten Jahren zeigt sich auch in den Antworten der befragten Führungskräfte auf die Frage nach größeren personellen Veränderungen in ihren Betrieben (vgl. Abbildung 3). So wurden in den letzten Jahren in den Betrieben der chemischen Industrie auch Neueinstellungen in größerem Umfang vorgenommen, von denen auch die Führungskräfte profitierten; dies bestätigt rund ein Drittel der Befragten. Nur in einem Viertel der Fälle, in denen Neueinstellungen vorgenommen wurden, betraf dies nicht den Bereich der AT-Angestellten. Dennoch kam es auch in zahlreichen Betrieben zu Entlassungen, von denen in rund zwei Dritteln der Fälle auch Führungskräfte nicht verschont blieben. Ein Drittel der Befragten verweist darauf, dass in den letzten Jahren Standortverlagerungen im Unternehmen durchgeführt wurden, die sich in den meisten Fällen (91 Prozent) auch auf die Situation der Leitenden und der übrigen AT-Angestellten auswirkten. Mit circa 30 Prozent war demnach ein relevanter Anteil der Führungskräfte des Leitenden- und sonstigen AT-Bereiches durchaus von den tiefgreifenden Umbrüchen in den Unternehmen der Chemieindustrie direkt betroffen.

Erfahrungen mit Entlassungen von Führungskräften im eigenen Unternehmen machten immerhin noch etwas mehr als 15 Prozent der Befragten. Die Zahlen zeigen zwar, dass die Gruppe der außertariflichen Angestellten nicht im gleichen Maße von derart einschneidenden Umstrukturierungen in den Unternehmen betroffen ist wie die Beschäftigten des gewerblichen Bereiches. Doch es wird ebenfalls deutlich, dass auch die Gruppe der Führungskräfte nicht vollständig von diesen Einschnitten verschont bleibt – anders als dies in den 1970er Jahren beispielsweise noch Kudera et al. vermuteten (vgl. Kapitel 2 sowie Kudera et al. 1979). Auch diese eigentlich privilegierten Beschäftigten sind vielmehr zumindest potenziell von den Auswirkungen des wirtschaftlichen Wandels direkt betroffen. Damit bekommt die Beschäftigung als Führungskraft ein Moment der Unsicherheit, dass es in vergleichbarer Weise zu früheren Zeitpunkten nicht gab, sondern das sich erst innerhalb der letzten zehn bis zwanzig Jahre entwickelte (vgl. Kotthoff 1997).

Abbildung 3: Organisatorische Veränderungen in den Unternehmen der Befragten

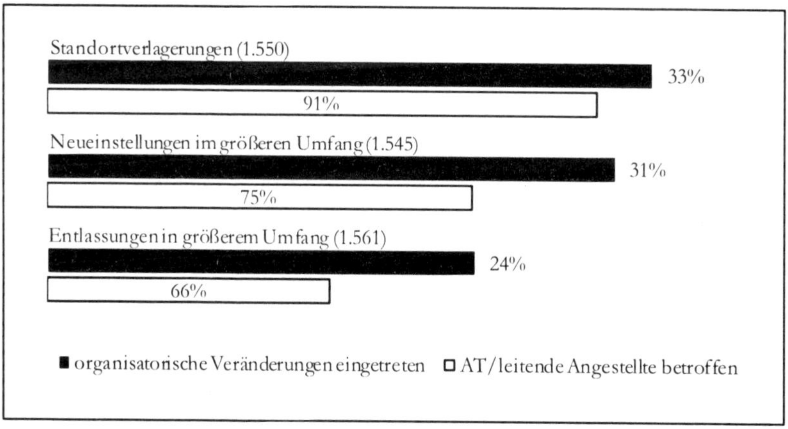

Quelle: Eigene Berechnungen; Fallzahlen in Klammern

In diesem Zusammenhang stellt sich die Frage, inwiefern die dynamischen Entwicklungen in den Unternehmen der chemischen Industrie die Ausprägungen der Arbeits- und Partizipationsorientierungen der Hochqualifizierten und Führungskräfte mit beeinflussen. Vorliegende Erkenntnisse weisen darauf hin, dass sich im Zuge der Restrukturierungsmaßnahmen in den letzten Jahren die Karrierechancen insbesondere der (jüngeren) Führungskräfte deutlich verschlechtert haben (vgl. Kotthoff/Wagner 2008 sowie Kotthoff 2008). So wird auf eine neue »Zwischenschicht« von Angestellten mit akademischem Abschluss verwiesen, die in den unteren AT-Positionen der Unternehmenshierarchie in einer Art »Karrierestau« stehen. Diese Entwicklungen können sich auch auf die Orientierungen der Beschäftigten und auf ihre Erwartungen an ihre Interessenvertretung auswirken.

4.2 Arbeits- und Beschäftigungsbedingungen

Die Befragung umfasste auch einen Fragenkomplex zu den Arbeits- und Beschäftigungsbedingungen. Dabei standen Fragen nach dem konkreten Beschäftigungsverhältnis, den Arbeitszeiten und Mehrarbeitsstunden sowie zur persönlichen Entgeltsituation der Befragten im Zentrum der Betrachtung. Die Auswertung dieser Befragungsaspekte zeigt eine – verglichen mit anderen Beschäftigtengruppen – immer noch relativ komfortable Beschäftigungssituation der Fach- und Führungskräfte bei einer gleichzeitig immer noch hohen Beschäftigungssicherheit und einer großen Arbeitszeitsouveränität. Nahezu alle Befragten (96 Prozent) in einem unbefristeten Beschäftigungsverhältnis tätig sind. Ebenso wenig wie befristete Arbeitsverhältnisse spielen Teilzeitbeschäftigungen bei den hochqualifizierten Beschäftigten der chemischen Industrie eine nennenswerte Rolle. So geben rund 90 Prozent der Befragten an, dass sie vollzeitbeschäftigt sind.

In der Betrachtung der Arbeitszeitmodelle der Führungskräften in der chemischen Industrie zeigt sich, dass bei den Beschäftigten das Modell der Arbeitszeitsouveränität dominiert und bei rund 70 Prozent der Befragten Arbeitszeiten nicht erfasst werden. Weitere 20 Prozent der Befragten arbeiten nach Gleitzeitregelungen mit Kernarbeitszeiten. Nur bei den wenigsten Beschäftigten sind die Arbeitszeiten genau festgelegt.

Die arbeitsvertraglich geregelte Arbeitszeit liegt bei den meisten der befragten Führungskräfte (87 Prozent) zwischen 37,5 und 40 Stunden. Der Vergleich mit den tatsächlich geleisteten Arbeitszeiten zeigt jedoch eine große Diskrepanz: So arbeiten nur rund 10 Prozent der Führungskräfte tatsächlich maximal 40 Stunden pro Woche. Hingegen geben zwei Drittel der Befragten an, bis zu 50 Stunden in der Woche zu arbeiten. Rund ein Viertel der Führungskräfte sind mehr als 50 Stunden pro Woche tätig. Die Höhe der tatsächlich geleisteten Arbeitsstunden steht dabei in einem deutlichen Zusammenhang mit der jeweiligen Führungsposition: Diejenigen Führungskräfte, die sich der erweiterten Geschäftsführung oder dem mittleren Management zuordnen, geben höhere wöchentliche Arbeitszeiten an als Beschäftigte aus dem unteren Management oder hochqualifizierten Fachpositionen. Bei der Frage nach der Häufigkeit von Mehrarbeit gaben rund zwei Drittel der Führungskräfte an, diese regelmäßig zu leisten. Ein weiteres Viertel der Befragten leistet Mehrarbeit vor allem in besonders arbeitsintensiven Phasen. Diese Angaben decken sich damit weitgehend mit der konstatierten Diskrepanz zwischen vereinbarter und tatsächlicher Arbeitszeit (vgl. Tabelle 7).

Tabelle 7: Arbeitszeiten

Arbeitsstunden	*vertraglich (1.372)*	*tatsächlich (1.545)*
bis 30	4	2
31 bis 40	93	8
41 bis 50	3	66
51 bis 60	0	21
über 60	0	3
Gesamt	100	100

Quelle: Eigene Berechnungen; Angaben in Prozent; Fallzahlen in Klammern

Bei den Gründen für die Mehrarbeit der Führungskräfte zeigt sich, dass diese in der Regel »freiwillig« geleistet wird. So geben rund drei Viertel der Befragten (76 Prozent) an, Mehrarbeit freiwillig zu leisten, um Aufgaben den persönlichen Vorstellungen entsprechend zu erledigen. Eine eingehendere Analyse der weiteren Gründe spricht dafür, dass die Bedeutung der Freiwilligkeit als wesentlicher Grund für die Mehrarbeit jedoch differenzierter betrachtet werden muss. So werden von vielen Befragten als Gründe für die Mehrarbeit zusätzlich angeführt, dass diese »betrieblich üblich sind«, »von Vorgesetzten erwartet werden« oder »die Arbeit nicht anders zu bewältigen ist«. Finanzielle Anreize der Mehrarbeit oder die Anordnung von Überstunden durch Vorgesetzte spielen dagegen für die Befragten kaum eine Rolle. Obwohl die meisten Führungskräfte angeben, Überstunden freiwillig zu leisten, sind diese für viele der Befragten nicht unproblematisch: Immerhin fast jeder zweite Befragte (43 Prozent) sieht Probleme, die aus der Mehrarbeit resultieren. Die Gründe bestehen unter anderem in der hohen Arbeitsbelastung, einem fehlendem Ausgleich (durch Entgelt- oder Freizeitregelungen) und in einem Vereinbarkeitsproblem von beruflichen und privaten beziehungsweise familiären Verpflichtungen.

Wenngleich die Mehrarbeit für die Mehrheit der Führungskräfte die Regel ist, scheint es dagegen nicht im gleichen Ausmaß selbstverständlich, dass Arbeiten auch abends oder am Wochenende zu Hause erledigt werden: So geben 53 Prozent der Befragten an, auch in den Abendstunden oder am Wochenende zu arbeiten. Diese ausufernde Arbeitszeit von Führungskräften ist in anderen bereits vorliegenden Untersuchungen schon diagnostiziert worden (vgl. Wagner 2000); sie zeigt sich insbesondere bei den Befragten in oberen Führungspositionen.

Abbildung 4: Jahreseinkommen in Abhängigkeit von der betrieblichen Position

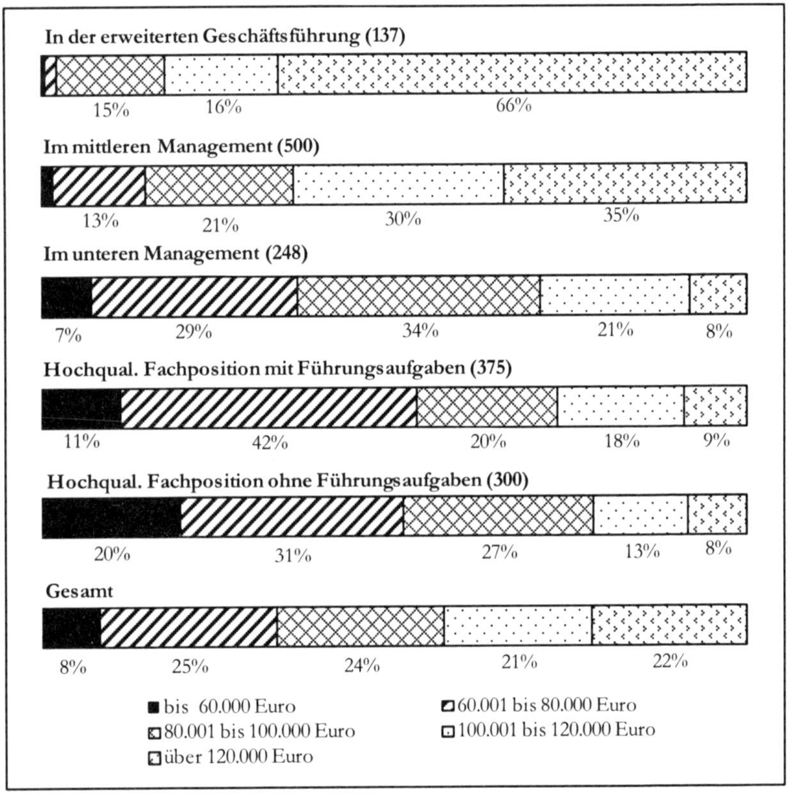

Quelle: Eigene Berechnungen; Fallzahlen in Klammern; Anteilswerte unter 5 Prozent werden nicht gesondert ausgewiesen

Die ausgedehnten Arbeitszeiten und Arbeitsbelastungen, werden durch die Einkommenssituation der Befragten teilweise abgemildert: Die hochqualifizierten Fach- und Führungskräfte der chemischen Industrie verfügen aufgrund ihrer Qualifikationen und ihres beruflichen Status über ein im Vergleich zu anderen Beschäftigtengruppen überdurchschnittlich hohes Einkommen. Fast jeder zweite Befragte gibt an, ein Jahreseinkommen von 100.000 Euro und mehr zu erhalten. Erwartungsgemäß erzielen insbesondere Beschäftigte der oberen Führungsebenen hohe Einkommen: So liegt das Jahreseinkommen von zwei Dritteln der Führungskräfte in der erweiterten Geschäftsführung bei mehr als 120.000 Euro; bei Mitgliedern des mittleren Managements bei mehr als 100.000 Euro jährlich. Bei den Beschäftigten aus den Fachpositionen und dem unteren Management sind die Gehaltsklassen zwischen 60.000 und 100.000 Euro stärker besetzt (vgl. Abbildung 4). In der untersten Einkommensklasse (8 Prozent) von bis zu 60.000 Euro sind insbesondere junge Befragte in hochqualifizierter Fachposition vertreten: das Durchschnittsalter in dieser Einkommensklasse beträgt nur 37,5 Jahre (zum Vergleich: 46,2 Jahre über alle Einkommensklassen).

Über 90 Prozent der Führungskräfte erhalten erfolgsabhängige Entgeltbestandteile. Diese sind sowohl abhängig vom Unternehmenserfolg als auch von der persönlichen Leistung. Die Höhe des variablen Entgeltbestandteils liegt bei rund einem Drittel der Befragten bei bis zu 10 Prozent und bei knapp der Hälfte (45 Prozent) der Befragten zwischen zehn und 20 Prozent des Gehaltes. Rund zwei Drittel der Führungskräfte sind mit der Höhe des Anteils des erfolgsabhängigen Entgeltes und der Vergabepraxis zufrieden.

4.3 Zentrale Interessenlagen

Wie im vorangegangenen Kapitel gezeigt werden konnte, sind die Befragten zwar allesamt in den gehobenen Positionen der Unternehmen zu verorten, darüber hinaus bestehen jedoch vielfältige Unterschiede zwischen ihnen. Dies wirft die Frage auf, ob diese differierenden Ausgangsbedingungen der Führungskräfte auch mit verschiedenen Interessenlagen und Einstellungen zum Arbeits- und Erwerbsleben einhergehen. Darüber hinaus ist zunächst aber von Interesse, welche grundsätzlichen Anspruchshaltungen gegenüber Erwerbsarbeit seitens der Fach- und Führungskräfte bestehen. Eine Antwort darauf soll in diesem Kapitel gegeben werden.

Die Ergebnisse zu den zentralen Arbeitsinteressen der befragten Führungskräfte zeigen das der Abbildung 5 zu entnehmende Bild: Insgesamt werden alle abgefragten Merkmale von jeweils über der Hälfte der Befragten als wichtig oder sehr wichtig eingestuft. Die Merkmale »selbstständig arbeiten«, »eine Tätigkeit entsprechend den beruflichen Vorstellungen«, »kollegiale Arbeitsatmosphäre« und »ein sicherer Arbeitsplatz« werden sogar von über 90 Prozent der Befragten als wichtig oder sehr wichtig angesehen. Diese Angaben sprechen für eine ausgeprägte berufliche Identität der Befragten einerseits sowie für die hohe Bedeutung der Berechenbarkeit eines sicheren Arbeitsplatzes andererseits.

Abbildung 5: Bedeutung verschiedener Merkmale der Arbeitssituation

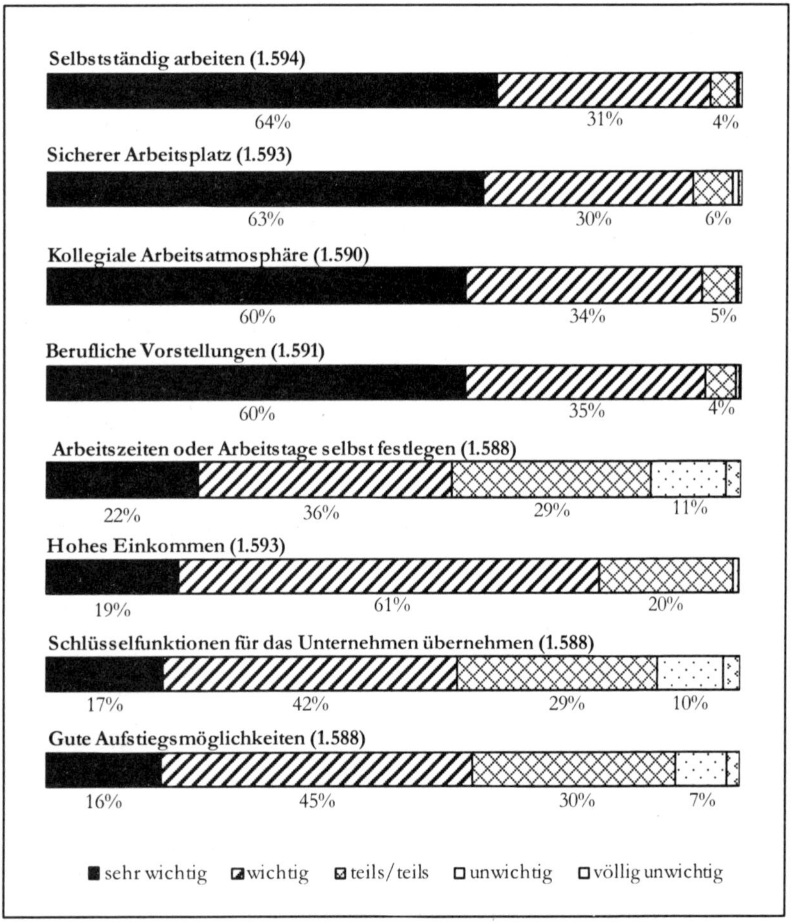

Quelle: Eigene Berechnungen; Fallzahlen in Klammern;, Anteilswerte unter 5 Prozent werden nicht gesondert ausgewiesen,

Die eigenständige Festlegung von Arbeitszeiten und -tagen, ein hohes Einkommen, die Übernahme von Schlüsselfunktionen im Unternehmen und gute Aufstiegsmöglichkeiten werden dem gegenüber nur von rund einem

Fünftel der Befragten als »sehr wichtig« eingeschätzt. Ein größerer Teil ordnete zwar die genannten Merkmale als »wichtig« ein, doch auch wenn man die Nennungen von »wichtig« und »sehr wichtig« zusammenfasst, werden nur beim Merkmal »hohes Einkommen« die Häufigkeit der Einschätzung »sehr wichtig« für die vier erstgenannten Merkmale im größeren Ausmaß übertroffen.

Betrachtet man das Aufgabenfeld der Führungskräfte wäre zu vermuten, dass diese den Aspekten, »Schlüsselfunktion für das Unternehmen zu übernehmen« oder »gute Aufstiegsmöglichkeiten« zu haben, eine vergleichsweise hohe Bedeutung zumessen. Im Zuge der Veränderung von Karriereverläufen im Untersuchungsfeld ist jedoch zu bedenken, dass über die wesentlichen Karriereaussichten von Führungskräften bereits zu einem sehr frühen Zeitpunkt nach Eintritt in das Erwerbsleben entschieden wird und größere Karrieresprünge im späteren Verlauf eher ungewöhnlich sind (vgl. dazu auch Kotthoff 2008). Die im Vergleich zu den ersten vier Aspekten geringe Bedeutung guter Aufstiegsmöglichkeiten könnte also durch den Umstand erklärbar sein, dass dieser Aspekt schlagartig eben dann an Bedeutung verliert, wenn bis zu einem gewissen Alter kein entscheidender Karriereschritt erfolgt ist. Diese Annahme ist jedoch nicht auf alle Befragten zu übertragen, da der Aspekt Aufstiegsmöglichkeiten zwar im Vergleich zu den anderen Aspekten weniger bedeutsam ist, ihn aber trotzdem noch ein großer Teil (56 Prozent) für »wichtig« oder »sehr wichtig« hält und nur rund 9 Prozent den Aufstiegsmöglichkeiten keine größere Bedeutung zumessen. Zudem ist festzustellen, dass das die Unterschiede zwischen leitenden Angestellten und nicht-leitenden AT-Beschäftigten bei dem Aspekt Aufstiegsmöglichkeiten nur gering sind. Jedoch besitzt dieser Aspekt für Jüngere einen wichtigeren Stellenwert als für Ältere. Darüber hinaus besaß die Übernahme von Schlüsselfunktionen für leitende Führungskräfte in der Befragung häufiger eine große Bedeutung als für nichtleitende AT-Angestellte. Es ist jedoch anzumerken, dass es auch eben diese Befragten sind, die diese Funktionen in den Unternehmen bereits ausüben. Schlüsselpositionen scheinen also dann bedeutender zu werden, wenn bereits Erfahrungen mit der Übernahme solcher Funktionen gemacht werden konnten. Eine verlässliche Interpretation dieser Befunde wäre allerdings nur im Zusammenhang weitergehender qualitativer Studien möglich.

Auch die Angaben der Befragten zu den in Abbildung 6 angeführten Statements bestätigen, dass der Berechenbarkeit beziehungsweise der Sicherheit hinsichtlich der persönlichen Beschäftigungs- und Einkommensperspektive von den Führungskräften eine zentrale Bedeutung zugewiesen wird. Fast 90 Prozent der Befragten stimmen der Aussage zur Bedeutung einer dauerhaften Beschäftigungs- und Einkommensperspektive zu beziehungsweise voll zu. Die ausgeprägte berufliche Identität der Führungskräfte zeigt sich an der Bedeutung, die der eigenen Arbeit zugemessen wird. So sind rund drei Viertel der Befragten stolz oder sogar sehr stolz auf die eigene Arbeit. Dem hohen Stellenwert einer kollegialen Arbeitsatmosphäre entspricht der Umstand, dass sich viele Führungskräfte mit Kollegen über Themen jenseits der eigentlichen Arbeitsinhalte austauschen (74 Prozent Zustimmung). Demgegenüber ist die Bindung an das eigene Unternehmen überraschenderweise schwächer ausgeprägt: 77 Prozent der befragten Führungskräfte stimmen der Aussage zu, dass sie stolz auf die eigene Arbeit sind, aber lediglich 47 Prozent äußern Zustimmung zu der Aussage, dass sie stolz darauf sind, für das eigene Unternehmen zu arbeiten.

Abbildung 6: Zustimmung zu ausgewählten Aussagen zur Arbeitssituation

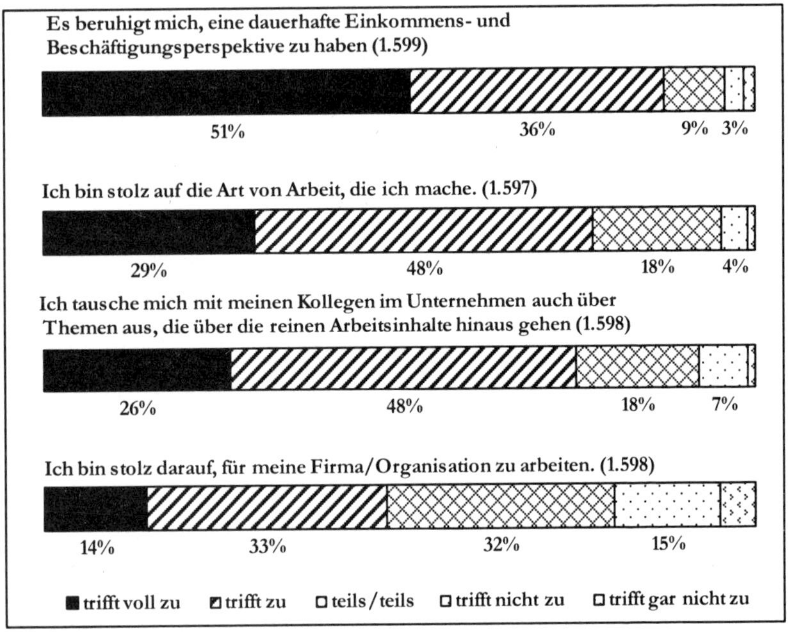

Quelle: Eigene Berechnungen; Fallzahlen in Klammern;, Anteilswerte unter 5 Prozent werden nicht gesondert ausgewiesen

All dies spricht für eine höhere berufliche als für eine organisationsbezogene Orientierung der Fach- und Führungskräfte. Nur 14 Prozent der Befragten bestätigen die Aussage voll, dass sie ein starkes Gefühl der Zugehörigkeit zu dem Unternehmen empfinden; 27 Prozent stehen dieser Aussage eher ablehnend gegenüber.

Abbildung 7: Zustimmung zu ausgewählten Aussagen zur Arbeitssituation

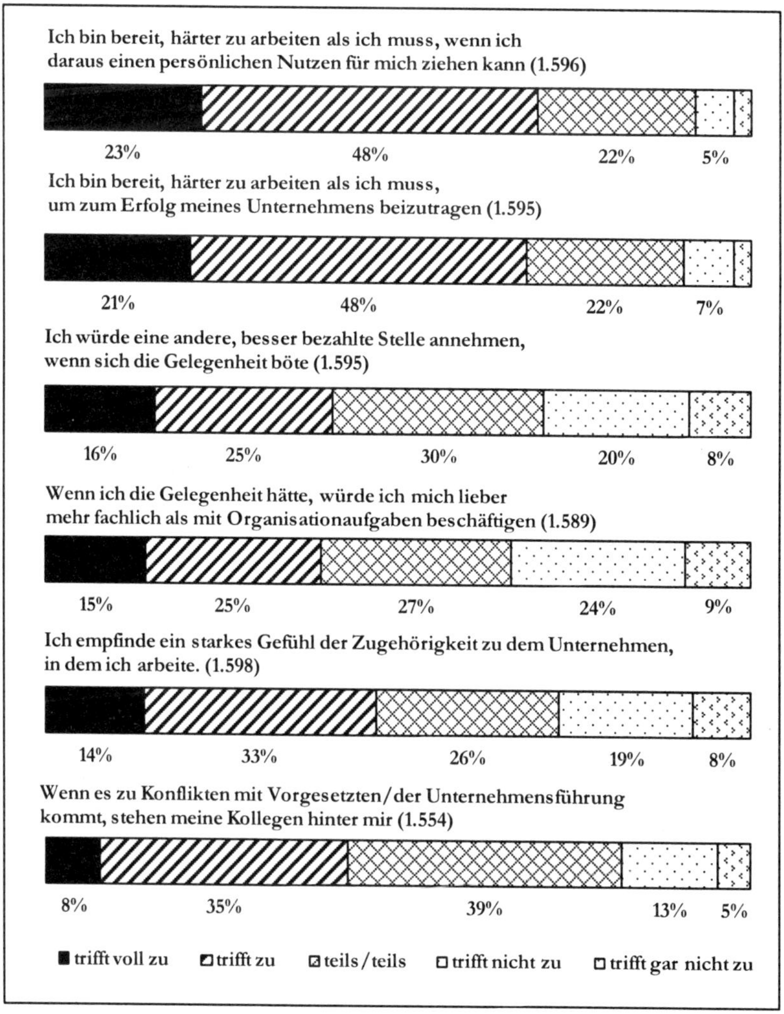

Quelle: Eigene Berechnungen; Fallzahlen in Klammern; Anteilswerte unter 5 Prozent werden nicht gesondert ausgewiesen

Ein darüber hinaus durchaus bemerkenswerter und so nicht erwarteter Befund ist weiterhin, dass 41 Prozent der befragten Führungskräfte angaben, eine besser bezahlte Stelle anzunehmen, wenn sich die Gelegenheit dazu böte (vgl. Abbildung 7; Angabe »trifft voll zu« oder »trifft zu«). Dies betrifft insbesondere die jüngeren Führungskräfte (unter 35 Jahren), von denen jeder zweite dieser Aussage zustimmt. Das ist insofern ein recht überraschendes Ergebnis, als dass von Führungskräften oftmals eine hohe Identifikation mit ihren Unternehmen und den Unternehmenszielen erwartet wird.

Berücksichtigt man die Bedeutung der befragten Personen für die Unternehmen, ihre Tätigkeit in Positionen an der Nahtstelle zwischen den Belegschaften und den jeweiligen Geschäftsführungen und auch der Organisationsumwelt und die Tatsache, dass die befragten Führungskräfte entscheidend mitverantwortlich für den wirtschaftlichen Erfolg der Unternehmen sind, dann sollte dieser Befund für die Unternehmen durchaus alarmierend sein. Denn insbesondere in Zeiten des allgemein beklagten Fach- und Führungskräftemangels (vgl. Koppel 2008; Böckler Impuls 2007) ist die Bindung der vorhandenen Leistungsträger an ein Unternehmen ein Garant für deren wirtschaftlichen Erfolg.

Bei eingehenderer Betrachtung derjenigen Führungskräfte, die sich einen Wechsel durchaus vorstellen können, wird deutlich, dass diese Wechselabsichten insbesondere mit Unzufriedenheiten im Bereich der eigenen Karriereperspektiven zusammenhängen (vgl. Tabelle 8).[26] Während 24 Prozent derjenigen Befragten, die bei der Aussage »Ich würde eine andere, besser bezahlte Stelle annehmen, wenn sich die Gelegenheit dazu böte.« angaben, sehr unzufrieden mit den sich bietenden Aufstiegsmöglichkeiten zu sein, waren dies bei denjenigen, die der Aussage gar nicht zustimmten, nur 2 Prozent.

Wenn Unternehmen die Bindung ihrer Führungskräfte erhöhen wollen, gilt es daher, deren Ansprüche insbesondere in Bezug auf Aufstiegschancen und Karrieremöglichkeiten angemessen zu begegnen. Auf Dauer werden wahrscheinlich nur zufriedene Führungskräfte ihre Leistung in vollem Umfang den Unternehmen zur Verfügung stellen (vgl. Barth et al. 2002: 20ff.).

---

26 Die Korrelation dieser beiden Variablen ist mit einem Wert von -0,314 (Spearman-Rangkorrellationskoeffizient) als hochsignifikant einzuschätzen.

Tabelle 8: Zusammenhang Zufriedenheit mit Aufstiegsmöglichkeiten und Wechselabsichten

	Zufriedenheit mit Aufstiegsmöglichkeiten					
	sehr zufrieden	*zufrieden*	*teils/teils*	*un-zufrieden*	*sehr un-zufrieden*	*Gesamt*
trifft voll zu (249)	3	14	31	29	24	100
trifft zu (400)	4	25	35	25	10	100
teils/teils (471)	7	30	40	19	4	100
trifft nicht zu (318)	9	38	36	14	3	100
trifft gar nicht zu (130)	22	35	31	10	2	100
Gesamt	7	28	36	20	8	100

Quelle: Eigene Berechnungen; Angaben in Prozent; Fallzahlen in Klammern; Zustimmung zur Aussage: »Ich würde eine andere, besser bezahlte Stelle annehmen [...]«

Auch der Zusammenhang der Bewertung der Karrieremöglichkeiten und der (Un-)Zufriedenheit mit der derzeitigen Tätigkeit untermauert dieses Bild. So wurden die Führungskräfte im Fragebogen nach dem Zusammenhang zwischen Ausbildung und Tätigkeit befragt: Rund zwei Drittel der Befragten sehen einen direkten Zusammenhang zwischen der beruflichen Ausbildung und der derzeitigen Tätigkeit und streben keine Veränderung des Arbeitsfeldes an. Weitere 17 Prozent der Befragten arbeiten zwar nicht in ihrem erlernten Beruf, sehen jedoch ebenfalls keinen Veränderungsbedarf. Allerdings gaben rund 15 Prozent der Befragten an, eine Veränderung ihres Aufgabenfeldes anzustreben. Nur 2 Prozent der Befragten würden lieber ihren (erlernten) Beruf als ihre derzeitige Tätigkeit ausüben. Hier gaben 45 Prozent derjenigen, die unzufrieden oder sehr unzufrieden mit ihren Aufstiegschancen sind, zwar einen Zusammenhang zwischen Ausbildung und Tätigkeit an, streben aber dennoch eine Veränderung ihrer Tätigkeit an. Auch in der chemischen Industrie ist der Aufstieg in einem Unternehmen in leitende Positionen, die sich durch vermehrte Übernahme von Führungsaufgaben auszeichnen, oftmals auch mit einer inhaltlichen Veränderung der Arbeit verbunden. Steht die berufliche beziehungsweise fachliche Ausbildung zunächst noch im engen Zusammenhang mit den auszuführenden Arbeitsinhalten (bei der hier befragten Gruppe also zumeist mit naturwissenschaftlich/technischen Aspekten), wird dieser Zusammenhang mit dem Aufstieg in höhere Positionen im Unternehmen oftmals immer lockerer und es kommen neue inhaltliche Arbeitsaspekte hinzu (beispielsweise vermehrt kaufmännische und unternehmensstrategische Aufgaben, Mitarbeiterführung etc.). Für diejenigen Befragten, die auf einen Karriereaufstieg hoffen, ist also möglicherweise auch die damit (notwendigerweise) verbundene inhaltliche Veränderung ihrer Arbeit und somit die teilweise Abwendung von den in der Ausbildung gesetzten Tätigkeitsschwerpunkten ein Ziel.

Insgesamt sind bei den Angaben, welche die befragten Fach- und Führungskräfte der chemischen Industrie bezüglich zentraler Interessenmerkmale machten, auffällige Parallelen zu vergleichbaren Befragungen bei anderen hochqualifizierten Beschäftigten auszumachen. So sind beispielsweise für Beschäftigte der Digitalen Wirtschaft (vgl. S. 30) ebenfalls eine ausgeprägte »Beitragsorientierung« und ein Wunsch nach interessanten beruflichen Aufgaben prägend (vgl. Lange et al. 2005: 110ff.; Ittermann 2009: 200ff.). Nach Lange et al. ist für hochqualifizierte Angestellte eine derartige »Arbeitshaltung [...] auch in branchenübergreifender Perspektive durchaus charakteristisch« (Lange et al. 2005: 111). Gleichzeit besitzen aber auch »›traditionelle Schutzinteressen‹ (Ittermann 2009: 199ff.) weiter eine hohe Bedeutung für die Hochqualifizierten.

In der Bewertung der Merkmale der Arbeitssituation werden weitere Kritikpunkte der Führungskräfte an ihrer Arbeitssituation deutlich. Während viele der Befragten insbesondere mit den Möglichkeiten, selbstständig zu arbeiten und die eigenen beruflichen Vorstellungen umzusetzen sowie der kollegialen Arbeitsatmosphäre zufrieden sind, ist eine deutlichere Unzufriedenheit bei den betrieblichen Aufstiegsmöglichkeiten und der möglichen Übernahme von Schlüsselfunktionen im Unternehmen zu erkennen (vgl. Abbildung 8). Der Aspekt der betrieblichen Aufstiegsmöglichkeiten ist dabei das einzige der abgefragten Merkmale, mit dem die Mehrheit der Führungskräfte nicht zufrieden ist: Nur knapp über ein Drittel der Befragten gab hier die Antwortmöglichkeit »zufrieden« beziehungsweise »sehr zufrieden« an. Die Unzufriedenheit mit den Aufstiegsmöglichkeiten hängt dabei durchaus mit der weiter oben geschilderten frühzeitigen Entscheidung über die Karriereverläufe von Führungskräften zusammen.

Abbildung 8: Zufriedenheit mit ausgewählten Merkmalen der Arbeitssituation

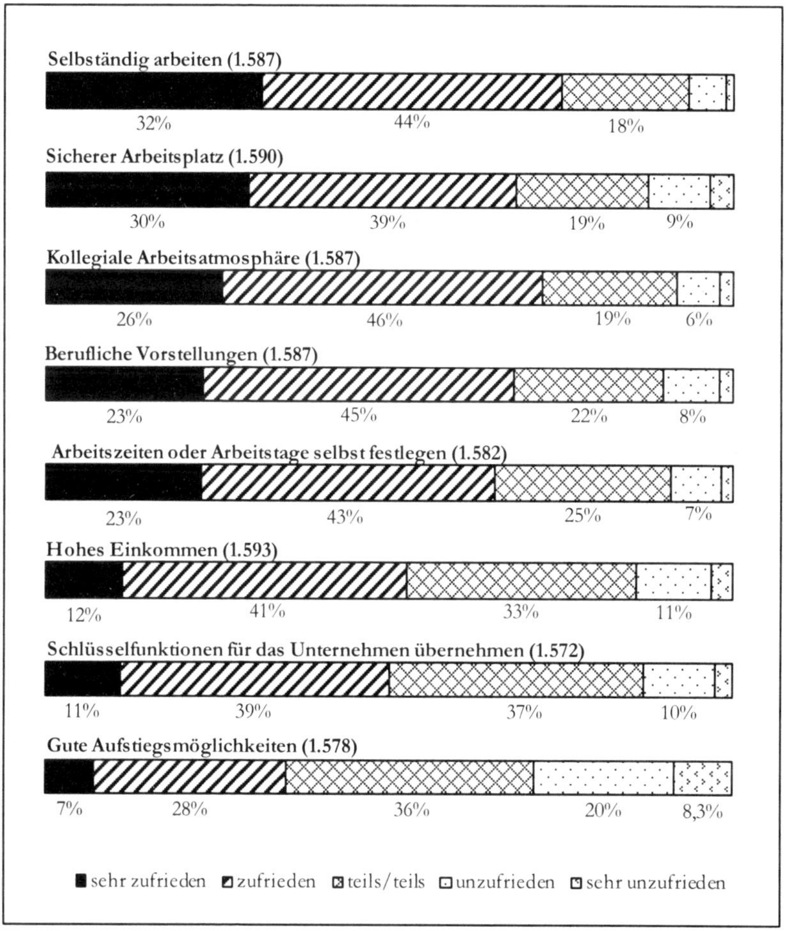

Quelle: Eigene Berechnungen; Fallzahlen in Klammern; Anteilswerte unter 5 Prozent werden nicht gesondert ausgewiesen

Mit den persönlichen Gestaltungsmöglichkeiten ihrer Arbeit sind die befragten Fach- und Führungskräfte dagegen recht zufrieden. Immerhin knapp ein Drittel von ihnen gab sogar an, mit dem Aspekt »Selbstständiges Arbeiten« sehr zufrieden zu sein. Weitere 44 Prozent der Befragten sind hiermit zufrieden. Das selbstständige Arbeiten ist demnach ein Gesichtspunkt der Arbeit von Führungskräften, welcher von diesen sowohl gewünscht (vgl. Abbildung 5) als auch von den Unternehmen tatsächlich eingelöst wird. Eine eigenständige Arbeitsweise ist insgesamt also eine sowohl den Unternehmen wie auch den Fach- Führungskräften selbst willkommene Eigenschaft ihrer Arbeit. Eine Einschränkung dieser Selbstständigkeit würden viele der Befragten wohl auch als Beschneidung ihrer Führungsfunktion ansehen. Die sich hier andeutende Wertschätzung der Arbeit von Führungskräften seitens der Unternehmensleitungen deutet sich letztlich auch in der Zufriedenheit vieler Befragter mit der Arbeitsplatzsicherheit an: Über zwei Drittel der befragten Fach- und Führungskräfte sind in ihrer derzeitigen Situation zufrieden oder sehr zufrieden mit der Arbeitsplatzsicherheit. Obwohl in vielen Unternehmen Entlassungen auch im Führungskräftebereich vorgenommen wurden (vgl. Abbildung 3), sehen sich viele der Befragten mit einem möglichen Arbeitsplatzverlust persönlich anscheinend nicht direkt konfrontiert. Die Bedeutung der Arbeitsplatzsicherheit (vgl. Abbildung 5) zeigt aber ebenfalls an, dass Führungskräfte sich in der Zukunft nicht mehr auf ihre derzeit noch komfortable Situation verlassen können und sehr wohl um ihren Arbeitsplatz fürchten.

Mit insgesamt 72 Prozent äußerte sich ein großer Teil der Führungskräfte in der Befragung zufrieden beziehungsweise sehr zufrieden mit der »kollegialen Arbeitsatmosphäre«. Hier deutet sich an, dass auch Führungskräfte in der Regel an einem »Miteinander« interessiert und nicht etwa rein erfolgs- und karriereorientiert Einzelgänger sind, für die man sie möglicherweise vorschnell halten könnte. Zumindest mit den Beschäftigten in vergleichbaren Positionen sehen sich die Führungskräfte durchaus kollegial verbunden. Zu bedenken ist hierbei, dass zumindest ein Teil der Befragten, insbesondere diejenigen Fach- und Führungskräfte aus den Forschungs- und Entwicklungsbereichen, auch auf Kollegialität im täglichen Arbeitsablauf angewiesen sind. Da in diesen Arbeitsbereichen oftmals in Teams gearbeitet wird, können optimale Arbeitsergebnisse hier nur durch funktionierende Arbeits- und Projektteams erreicht werden. Zu den Qualifikationsanforderungen für die hier tätigen Fach- und Führungskräfte gehören somit insbesondere auch »soft-skills« wie eben Teamfähigkeit.

Die Bandbreite der hier vorgestellten, auf die Arbeit bezogenen Einstellungen und Interessenlagen wirft die Frage auf, inwieweit die von den befragten Führungskräften gemachten Angaben auf übergeordnete Orientierungsmuster hindeuten.

5 Arbeitsorientierungen von Führungskräften

Wie im vorangegangenen Kapitel gezeigt werden konnte, gibt es vielfältige Hinweise darauf, dass die Führungskräfte keine homogene Gruppe bilden. Dies gilt sowohl in Bezug auf Muster von Erwerbsverläufen, im Hinblick auf (berufliche) Aufgaben und Tätigkeiten als auch in Bezug auf Positionen und Status in den Unternehmen. Die sich hiermit andeutende Pluralität setzt sich auch in einer Vielfalt von Ansprüchen und Interessenlagen der außertariflichen und leitenden Angestellten fort. Die damit verbundenen Besonderheiten und spezifischen Anliegen unterschiedlicher »Führungskräftetypen« gewinnen im Zuge der quantitativen Zunahme dieser Beschäftigtengruppe immer weiter an Bedeutung. Entgegen den in bisherigen Untersuchungen von Führungskräften vorgeschlagenen Typisierungen (vgl. Kapitel 2) soll die Gesamtheit der Führungskräfte im Folgenden nicht in Bezug auf ihre Berufsorientierung oder ihren »Sozialcharakter« (vgl. Baethge et al. 1995) hin untergliedert werden. Sie soll auch nicht anhand eines qualitativ ermittelten Grades der »Beitragsorientierung« (vgl. Kotthoff 1997) in Untergruppen geteilt werden. Vielmehr soll hier, basierend auf Überlegungen zur institutionellen Strukturierung der Erwerbsarbeit und den in Kapitel 4.3 vorgestellten zentralen Interessenlagen, eine ex-ante hergeleitete Typisierung empirisch mittels quantitativer Methoden überprüft werden.

5.1 Erwerbsarbeit im Kräftefeld institutioneller Strukturierung

Arbeit und Erwerb werden durch soziale Institutionen strukturiert (vgl. Pries 2005). Die zuvor angesprochene Vielfalt von Anspruchs- und Erwartungshaltungen in Bezug auf das Erwerbsleben kann somit in einer idealty-

pischen Betrachtung durch die Fokussierung auf schwerpunktmäßig wirkende soziale Institutionen erklärt werden.
»Soziale Institutionen« werden in diesem Zusammenhang als:

(1) »komplexe und kongruente Gebilde bzw. Konfigurationen, spezifischer Regeln, Normen sowie Wahrnehmungs- und Erwartungsmuster« (Pries 2005: 32) verstanden, die
(2) durch eine gewisse Dauerhaftigkeit charakterisiert sind.

Institutionen sind somit »Routinen sozialer Praxis« (Pries 2005: 32), die sich in Symbolen und Artefakten äußern und damit für die wissenschaftliche Analyse zugänglich werden. Sie haben dabei immer für größere Menschengruppen oder auch ganze Gesellschaften Gültigkeit beziehungsweise definieren Gruppen und Gesellschaften gerade durch ihr Bestehen. Institutionen gelten jeweils für bestimmte angebbare Lebensbereiche und beeinflussen in diesen Kontexten maßgeblich die Handlungen von Personen. Verschiedene soziale Institutionen implizieren unterschiedliche »dominante Kommunikationsmedien, Handlungsressourcen und Sanktionsmöglichkeiten« (Pries 2005: 33).
Es wird hier somit ein integratives Institutionenverständnis zugrunde gelegt, in dem Institutionen als komplexe und kongruente Gebilde beziehungsweise Konfigurationen von spezifischen Regeln, Normen sowie Wahrnehmungs- und Erwartungsmustern verstanden werden (vgl. Pries 2005: 28ff.).

Aus der sozialwissenschaftlichen Literatur lassen sich für den Bereich der (Erwerbs-)Arbeit fünf relevante Institutionen herausarbeiten: der Markt, der Beruf, das soziale Netzwerk, das Unternehmen beziehungsweise die Organisation sowie als fünfte strukturierende soziale Institution das öffentliche Regime aus Staat, Rechtssystem und Verbänden. Diese fünfte Institution bildet quasi den Rahmen, vor dem die anderen Institutionen ihre Wirkung entfalten. Zusammen spannen die institutionellen Rahmenbedingungen ein Kräftefeld auf, welches die Erwerbsarbeit jedes Einzelnen maßgeblich beeinflusst. Das Kräftefeld der Strukturierung und Regulierung von Erwerbsarbeit kann allgemein als »relativ stabile Beeinflussung und Formung von Arbeit, Beschäftigung und Partizipation durch soziale Institutionen verstanden« (Pries 2005: 91) werden.

Markt

Die erwerbsstrukturierende Institution Markt ist gekennzeichnet durch den (gewinnmaximierenden) Austausch ökonomischen Kapitals. Damit besitzt der Markt in modernen, durch den industriellen Kapitalismus geprägten Gesellschaften eine zentrale Rolle. Märkte sind dabei jeweils Orte an denen durch die Konkurrenz mehrerer Anbieter oder Nachfrager von Gütern oder Dienstleistungen sachlich und zeitlich begrenzte (Vertrags-) Beziehungen entstehen. »Hauptsächliche Handlungsressource ist das ökonomische Kapital; der Koordinationsmechanismus ist der Preis. Das Kommunikationsmedium ist Geld« (Abel/Pries 2003: 9). Der marktliche Tauschvorgang ist demnach ein mehr oder weniger kurzfristiger Prozess, dessen Bedingungen durch einen impliziten oder auch expliziten Vertrag geregelt sind. Durch dieses Vertragsprinzip ermöglicht der Markt als soziale Institution »Tauschbeziehungen zwischen anonymen oder sich zumindest weitgehend unbekannten Akteuren« (Pries 2005: 41f.).

Beruf

Der Markt ist in Bezug auf die Strukturierung der Erwerbsarbeit jedoch nicht die alleinige oder bedeutendste soziale Institution (vgl. hierzu Pries 2005: 43), sondern ist nur eine unter anderen Institutionen; wie beispielsweise dem »Beruf«. Der Beruf und die Beruflichkeit von Arbeit wirken in der institutionalistischen Betrachtungsweise der Erwerbsarbeit prägend durch ein bestimmtes »Berufsethos« und allgemein dem Streben nach beruflich-professioneller Reputation als gesellschaftlicher Anerkennung« (Pries 2005: 45). Historisch herausgebildet hat sich diese Funktion von Beruflichkeit durch die Entwicklung von Erwerbsarbeit im heutigen Sinne: Diese beruhte insbesondere auch auf Prozessen der Arbeitsteilung, Spezialisierung und Professionalisierung bestimmter Tätigkeiten. Inhaber eines bestimmten Berufes verfügen somit über ein spezifisches Fachwissen zur Ausübung berufstypischer Tätigkeiten. Dieses berufliche Wissen ist somit »das kulturelle Kapital, das personengebunden, nicht transferierbar und in erster Linie aus Wissen, Kenntnissen, Erfahrungen und Fertigkeiten besteht« (Abel/Pries 2003: 11), es bildet die hauptsächliche Handlungsressource der Institution Beruf. Die Verfügungschancen über derartiges Kapital werden beispielsweise durch bestimmte Zertifikate wie Ausbildungs-

oder Studienabschlüsse vermittelt. Anders als beim Markt ist »die dominante Handlungslogik und Handlungsnorm der sozialen Institution Beruf nicht die Maximierung individueller und monetärer Gewinne, sondern das Befolgen spezifischer Berufsnormen und das Streben nach Berufsehre und Ansehen« (Pries 2005: 46). Insbesondere in der chemischen Industrie, die wie beschrieben schon seit jeher insbesondere durch eine besondere wissenschaftliche Prägung und damit verbunden einem großen Bedarf an fachlich gut qualifizierten Beschäftigten charakterisiert ist (vgl. Kapitel 3), kann mit Recht von einer starken Bedeutung der sozialen Institution Beruf ausgegangen werden.

Soziales Netzwerk

Im Vergleich zur sozialen Institution Beruf, steht bei einer weiteren Institution, dem sozialen Netzwerk, nicht das Streben nach professioneller Anerkennung im Vordergrund. Vielmehr ist das Netzwerk als soziale Institution durch »die Handlungslogik *wechselseitiger Verpflichtungen und Gunst* sowie durch eine *generalisierte und unspezifische Reziprozität und Solidarität* gekennzeichnet« (Pries 2005: 37; Hervorhebung im Original). Bei dieser erwerbsstrukturierenden Institution sind somit insbesondere auch informelle und soziale Beziehungen zwischen Individuen und Gruppen für die Handlungen des Einzelnen von Bedeutung. Durch das soziale Netzwerk als Institution bilden sich spezifische Handlungsnormen und -logiken, vor allem als nicht spezifizierte Erwartungen gegenseitiger Unterstützung und Loyalität, heraus, die für die Netzwerkmitglieder relevant sind.

Organisation/Unternehmen

Das Unternehmen als erwerbsstrukturierende Institution gewann insbesondere mit der Entwicklung des modernen Fabrikwesens an Bedeutung (vgl. Pries 2005: 47). Im Gegensatz zur Institution »Soziales Netzwerk« steht bei dieser Institution nicht die Identifikation mit bestimmten Gruppen oder gleich gerichteten Interessenlagen mit anderen Personen im Vordergrund, sondern die (arbeitsvertragliche) Zugehörigkeit und Verpflichtung gegenüber einem bestimmten Unternehmen oder allgemeiner: einer Organisation. Häufig wird in diesem Zusammenhang auch von »Commitment« gesprochen. Parallelen zur wissenschaftlichen Commitmentforschung sind hier insbesondere dann zu konstatieren, wenn Formen des affektiven oder normativen Commitments betrachtet werden. Eine weitere Form von Commitment – kalkulatorisches Commitment – ist dagegen eher mit der Strukturierung durch die Institution Markt in Verbindung zu bringen, da hier die Folgebereitschaft und die Bindung an die Organisation als Ergebnis individuell kalkulierter Kosten-Nutzen-Überlegungen verstanden wird. Beim affektiven Commitment fühlt sich das Individuum dagegen den Werten und Zielen der Organisation verbunden und wendet sich dieser daher positiv zu. Bei der normativen Komponente von Commitment greift das Individuum darüber hinaus soziale Normen auf, die besagen, dass die Organisation in irgendeiner Form in Vorleistung getreten ist, um deren Vergütung sich das Individuum nun zu bemühen hat (vgl. Meyer/Allen 1991). Kommunikationsmedium der sozialen Institution Organisation sind hauptsächlich die formalen und informellen Regeln, Normen, Hierarchien und Anweisungen, die in einem Betrieb beziehungsweise einer Organisation gültig sind. Die Handlungsressourcen lassen sich als organisationsgebundenes positionales Kapital charakterisieren, worunter die Rechte, Ansprüche, Erwartungen und Kompetenzen der verschiedenen betrieblichen Akteure zu verstehen sind, welche durch deren jeweilige Position im Unternehmen festgelegt werden (vgl. Abel/Pries 2003: 10).

5.2 Institutionelle Prägung von Arbeitsorientierungen

Mit dem skizzierten Verständnis der institutionellen Strukturierung von Erwerbsarbeit kann neben dem Einfluss unternehmensspezifischer Faktoren, wie der betrieblichen Stellung oder der Zugehörigkeit zu bestimmten Statusgruppen, ein zusätzlicher Einfluss (berufs-)biographisch geprägter, typischer Motivations- und Bindungskräfte unterstellt werden. Ausgehend von der institutionellen Prägung von Erwerbsarbeit werden im Folgenden diese Ansprüche und Interessenlagen der befragten Führungskräfte analysiert. Lange et al. (2005) definieren in ihrer Studie »Interessenregulierung in der New Economy« die »beruflichen Interessen« und »Arbeitserwartungen« von Arbeitnehmern in einem engeren und einem weiteren Sinne wie folgt:

»Im engeren Sinne meint solche Interessen, die sich direkt auf die Arbeitsinhalte, den Arbeitsprozess sowie die Arbeitsumgebung, respektive die ›soziale Qualität von Arbeit‹ beziehen. Im weiteren Sinne meint solche Interessen, die sich nicht unmittelbar auf den Kern der Arbeit, ihre Verrichtung oder soziale Einbettung beziehen, also bspw. auf die Einkommenssituation und die berufliche Weiterentwicklung« (Lange et al. 2005: 101).

Sich diesem weiten Verständnis von Arbeitserwartung anschließend, sollen hier unter »dem Begriff der Arbeitsorientierungen [...] diejenigen individuellen und kollektiven Muster von Wirklichkeitsdeutungen und Handlungsorientierungen bezeichnet werden, die für den Arbeits- und Erwerbsverlauf relevant sind« (Pries 1997: 285). Dabei ist nicht jeder kurzfristige Wunsch ein Teil der hier gemeinten Arbeitsorientierung, sondern nur jene Bündel von Interessen und Orientierungen, die das Handeln und Verhalten einer Person im Bereich der Arbeitswelt entscheidend beeinflussen und sich über einen längeren Zeitraum in den sozialen Beziehungen des (erweiterten) Arbeitsumfelds einer Person herausbilden[27]. Weiterhin ist für die Betrachtung der Arbeitsorientierungen wesentlich, »dass neben den häufig verwendeten Dichotomien von Markt und Organisation beziehungsweise Markt und Staat weitere und prinzipiell theoretisch gleichwertige soziale Institutionen, namentlich die Familie bzw. das soziale Netzwerk und die Beruflichkeit von Arbeit strukturprägend für Erwerbsarbeit sind« (Pries 2005: 23 sowie Kapitel 5.1).

Arbeit, Beschäftigung und Partizipation vollziehen sich immer innerhalb eines Kräftefeldes der Erwerbsregulierung (vgl. Pries 2005: 91ff.). So sind auch die Arbeitsorientierungen der Beschäftigten durch dieses Kräftefeld beeinflusst, da ihre Einstellungen in Bezug auf die (Erwerbs-)Arbeit maßgeblich auch durch die Form der Erwerbsarbeit geprägt sind. Somit ist auch die konkrete Arbeitsorientierung einer Person in diesem Spannungsbereich zu verorten. Die an das Konzept der institutionellen Strukturierung von Erwerbsarbeit angelehnten Arbeitsorientierungstypen lauten analog Markt-, Berufs-, Organisations- und Netzwerkorientierung. Zu betonen ist, dass sich die unterschiedlichen Arbeitsorientierungen nicht – wie ja auch aus qualitativen Studien (vgl. Baethge et al. 1995) bekannt – wechselseitig ausschließen, sondern dass immer ein Zusammenspiel verschiedener Orientierungen vorzufinden ist, wobei sich in den meisten Fällen jedoch eine der Orientierungen als dominant erweist.

27 Somit ist die Arbeitsorientierung einer Person auch nicht unveränderlich – sie entwickelt und wandelt sich im Kontext sozialer Prozesse, ebenso wie dies auch für Interessen gilt (vgl. Boes/Trinks 2006: 45).

Zunächst werden daher die Muster der unter den befragten Führungskräften vorhandenen Arbeitsorientierungen identifiziert und analysiert. Im nachfolgenden Kapitel sollen in einem zweiten Schritt die damit verbundenen Präferenzen in Bezug auf die Mechanismen der Interessenaushandlung im Bereich der Führungskräfte betrachtet werden. Es wird dabei angenommen, dass die unterschiedlichen Anspruchs- und Interessenlagen sich auch in der Akzeptanz betrieblicher Mitbestimmungsstrukturen widerspiegeln.

5.3 Empirische Analyse der Arbeitsorientierungen

Welche Muster von Arbeitsorientierungen sind im Rückgriff auf die im vorangegangenen Abschnitt beschrieben Institutionen zu erwarten? Neben den Gruppen von Befragten, die eine hohe Verbundenheit mit ihrem Unternehmen (organisationsstrukturiert) beziehungsweise dem persönlichen Umfeld (auf das soziale Netzwerk bezogen) in den Mittelpunkt ihrer Interessen stellen, lassen sich – so die deduktiv-theoretisch gewonnene Annahme – Arbeitsorientierungen identifizieren, die stärker marktstrukturiert, dass heißt auf den eigenen Nutzen fokussiert sind sowie beruflich geprägte Arbeitsorientierungen, die sich stärker an den konkreten Arbeitsinhalten beziehungsweise den fachlichen Aufgaben ausrichten.

Methodisches Vorgehen

Bei der empirischen Untersuchung der verschiedenen Typen ist zu beachten, was Wendt (1999) in Bezug auf die Erhebung von Arbeitsorientierungen anmerkt: Arbeitsorientierungen sind demnach eng an arbeits- und berufsbezogene Normen gekoppelt. Als eine derartige »psychologische Größe ist die Arbeitsorientierung nicht objektiv meßbar« (Wendt 1999: 25). Anhaltspunkte für die jeweilige Arbeitsorientierung einer Person können »aber aus den geäußerten Einstellungen der Mitarbeiter zu Belastungsfreiheit, Arbeits- und Berufszufriedenheit, Betriebsverbundenheit und Betriebsklima« (Wendt 1999: 25) gewonnen werden.

Die Identifikation der Arbeitsorientierungen im Datensatz wurde daher insbesondere unter Berücksichtigung der Antworten zu acht Statements bezüglich der Erwerbsarbeit vorgenommen, die schon bei der Erstellung des Fragebogens für diese Aufgabe konzipiert wurden. Je zwei der zu bewertenden Aussagen sind einem der theoretisch hergeleiteten Arbeitsorientierungstypen zugeordnet. Eine Übersicht dieser Zuordnung findet sich in Tabelle 9. Ihr ist zu entnehmen, dass die zugeordneten Aussagen sowohl die Zufriedenheit mit verschiedenen Aspekten (zum Beispiel die Aussage: »Wenn ich die Gelegenheit hätte, würde ich mich lieber mehr fachlich als mit Organisationsaufgaben beschäftigen.« für die berufliche Arbeitsorientierung) abfragen, als auch in Teilen die Identifikation der Führungskräfte mit verschiedenen Aspekten ihrer Arbeit erheben (zum Beispiel die Aussage »Ich bin stolz darauf, für meine Firma/Organisation zu arbeiten.« für die organisationsbezogene Arbeitsorientierung).

Tabelle 9: Zuordnung ausgewählter Aussagen zu Arbeitsorientierungen

Marktliche Arbeitsorientierung
»Ich würde eine andere, besser bezahlte Stelle annehmen, wenn sich die Gelegenheit böte.«
»Ich bin bereit, härter zu arbeiten als ich muss, wenn ich daraus einen persönlichen Nutzen für mich ziehen kann.«
Organisationsbezogene Arbeitsorientierung
»Ich bin stolz darauf, für meine Firma/Organisation zu arbeiten.«
»Ich empfinde ein starkes Gefühl der Zugehörigkeit zu dem Unternehmen, in dem ich arbeite.«
Berufliche Arbeitsorientierung
»Wenn ich die Gelegenheit hätte, würde ich mich lieber mehr fachlich als mit Organisationsaufgaben beschäftigen.«
»Ich bin stolz auf die Art von Arbeit, die ich mache.«
Sozial/netzwerkbezogene Arbeitsorientierung
»Wenn es zu Konflikten mit Vorgesetzten/der Unternehmensführung kommt, stehen meine Kollegen hinter mir.«
»Ich tausche mich mit meinen Kollegen/anderen Führungskräften im Unternehmen auch über Themen aus, die über die reinen Arbeitsinhalte hinaus gehen.«

Quelle: Eigene Darstellung

In der schriftlichen Befragung konnten unterschiedliche Muster von Antwortkombinationen identifiziert werden. Zur quantitativen Auswertung der sich so präsentierenden Daten wurde daher jeweils ein additiver Index gebildet, welcher Auskunft über die Zustimmung[28] zu den einzelnen Aussagen gibt (vgl. Tabelle 10). Dabei nehmen die Indizes jeweils Werte von null bis zwei an, wobei null bedeutet, dass der so Antwortende keiner der dem jeweiligen Arbeitsorientierungstyp zugeordneten Aussagen zustimmte. Ein Wert von zwei bedeutet demgegenüber, dass die befragte Person beiden Aussagen zustimmte. Wie Tabelle 10 zu entnehmen ist, konnten die vier Indexwerte für alle Befragten berechnet werden. Die Häufigkeitsverteilung zeigt, dass viele der Befagten mindestens einen Indexwert von eins aufweisen. Eine Ausnahme liegt beim Index zur Organisationsorientierung vor: Im Gegensatz zu den anderen Indizes sind bei der Organisationsorientierung die Extremwerte stärker besetzt. Wie aus der Verteilung der Indexwerte zu erkennen ist, gibt es keine eindeutige Zuordnung der Befragten zu den einzelnen idealtypischen Arbeitsorientierungen, vielmehr sind multiple Zuordnungen die Regel.

Tabelle 10: Deskription der Arbeitsorientierungsindizes

Index für	*0*	*1*	*2*	*Gesamt*	*n*
Marktorientierung	22	45	33	100	1.595
Organisationsorientierung	43	19	38	100	1.595
Berufsorientierung	14	55	30	100	1.595
Netzwerkorientierung	19	46	35	100	1.595

Quelle: Eigene Berechnungen; Angaben in Prozent

Mittels einer Clusteranalyse sollen Muster in diesen multiplen Zuordnungen identifiziert und die einzelnen Befragten möglichst eine der idealtypischen Arbeitsorientierungen zugeordnet werden. Dieses statistische Verfahren hat »die Aufgabe, Objekte (zum Beispiel Menschen, Unternehmen, Länder) anhand vorgegebener Merkmale in Klassen einzuteilen« (Buttler 2004: 566) und ist somit für die sich hier bietende Problemstellung nützlich.

Es gibt eine Vielzahl von Techniken um Clusteranalysen durchzuführen (vgl. Bacher 2002: 4f., Janssen/Laatz 2003: 427). Die im Folgenden dargestellten Ergebnisse beruhen auf einer Klassifizierung mittels des »Partitioning Around Medoids«-Verfahrens (vgl. Kaufmann/Rousseeuw

28 Als Zustimmung gelten jeweils die Antworten »trifft voll zu« und »trifft zu«.

1990: 68ff.).[29] Im Unterschied zu hierarchischen Clusteranalyseverfahren muss bei einer partitionierenden Clusteranalyse zu Beginn die Zahl der zu berechnenden Cluster festgelegt werden. Aufgrund der oben ausgearbeiteten inhaltlichen Überlegungen erscheint es sinnvoll im Folgenden von vier Clustern auszugehen, die sich an die idealtypischen Arbeitsorientierungen anlehnen.

Um zu überprüfen, ob die theoretisch erwartete Anzahl von vier Clustern den Ergebnissen der Datenanalyse entspricht, wurden insbesondere zwei statistische Maßzahlen herangezogen: die Hubert-Gamma-Statistik (vgl. Halkidi 2002a) sowie der »Silhouettenkoeffizient« nach Kaufmann und Rousseeuw (1990). Im Allgemeinen sind Clusteranalyseverfahren mit dem Ziel entwickelt worden, gleichzeitig intern möglichst homogene und extern möglichst separierte Cluster zu erzeugen (vgl. Bacher 2002: 2). Die Fälle innerhalb eines Clusters sollen sich also möglichst gleichen und die Fälle aus verschieden Clustern möglichst deutlich unterscheiden. Die beiden genannten Statistiken sollen dabei helfen, dies für die vorliegende Analyse zu beurteilen und können ähnlich wie ein Scree-Test auch bei der Bestimmung einer sinnvollen Clusterzahl nützlich sein (vgl. Rousseeuw 1987: 61).

Huberts- Γ wurde für Partitionen mit zwei bis zehn Clustern berechnet; höhere Γ-Werte weisen auf kompaktere, also homogenere Cluster hin (vgl. Halkidi 2002a: 2). Wie Abbildung 9 zeigt, weist die Partition mit fünf Clustern den höchsten Γ-Wert auf. Da die Differenzen zwischen den einzelnen Clusterlösungen nur recht gering ausfallen, spricht das Ergebnis nicht zwingend für eine Fünf-Cluster-Lösung, die Ergebnisse lassen sich aber eher in Richtung einer solchen Lösung interpretieren als dagegen.

29 Das Verfahren wird auch als »k-mediod« oder »k-median method« bezeichnet. Bei dem Verfahren werden in einem ersten Schritt die Startpunkte für den Algorithmus so festgelegt, dass diese sich größtmöglich unterscheiden. In einem weiteren Schritt werden nun die restlichen Fälle so auf die durch die Startpunkte definierten Cluster verteilt, dass die Gesamtdistanz zwischen den Objekten der einzelnen Cluster minimal ist, wobei die Distanz zwischen den Objekten mit der euklidischen Metrik berechnet wird.

Abbildung 9: Huberts-Γ in Abhängigkeit von der Clusterzahl

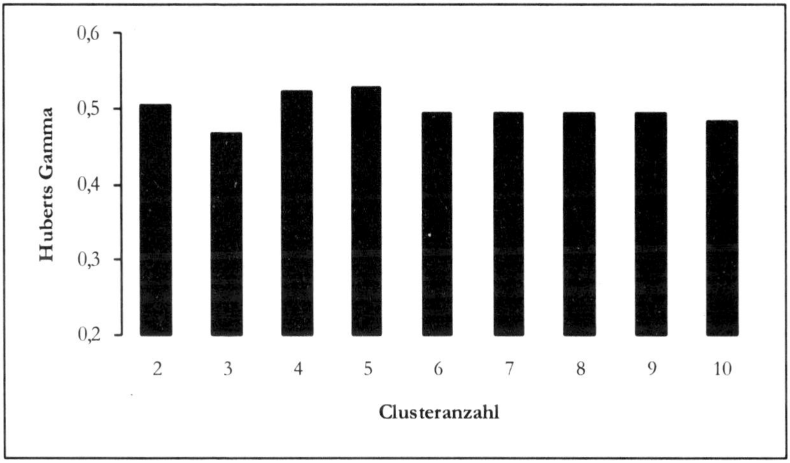

Quelle: Eigene Berechnungen

Der »Silhouettenkoeffizient« (vgl. Kaufmann 1990: 87) wurde ebenfalls für Clusterlösungen mit zwei bis zehn Clustern berechnet. Auch hier zeigt sich bei einer Clusterzahl von fünf ein lokales Maximum, lediglich bei der Zwei-Cluster-Lösung wird ein größerer Wert erreicht, so dass auch der Silhouettenkoeffizient nicht gegen die Fünf-Cluster-Lösung spricht.

Abbildung 10: Silhouettenkoeffizient in Abhängigkeit von der Clusterzahl

Quelle: Eigene Berechnungen

Neben diesen Maßzahlen, mit denen die Güte der gesamten Partition bestimmt werden kann, ist auch die Stabilität der einzelnen Cluster von Interesse. Daher wurde mittels einer Bootstrap-Simulation die Stabilität in Clusterlösungen mit drei bis sechs Clustern geprüft (vgl. Hennig 2006, 2007, 2007a).

Tabelle 11: Durchschnittliche Jaccard-Koeffizienten

Clusteranzahl							*Wiederholungen*
3	0.81	0.71	0.94	.	.	.	100
4	0.84	0.81	0.95	0.95	.	.	100
5	0.70	0.61	0.41	0.74	0.85	.	100
6	0.60	0.58	0.70	0.84	0.85	0.53	100

Quelle: Eigene Berechnungen

Als Maßzahl für die Stabilität der einzelnen Cluster wird der Jaccard-Koeffizient berechnet.[30] Beim Vergleich der Koeffizienten der verschiedenen Clusterlösungen ist zu erkennen, dass die Partition mit vier Clustern insgesamt die höchste Stabilität aufweist. Die Cluster zwei und drei in der Partition mit fünf Clustern weisen dagegen eine etwas geringere Stabilität auf. Es handelt sich dabei um den Cluster, in dem keine vorherrschende Orientierung zu erkennen ist, sowie um den stärker organisationsorientierten Cluster. Ein Vergleich zwischen der Vier- und der Fünf-Cluster-Lösung zeigt, dass in der Partition mit vier Clustern die Fälle mit einer hohen beruflichen und die Fälle mit starker marktlicher Orientierung in einem Cluster zusammengefasst werden. Da diese beiden Gruppen in der Fünf-Cluster-Lösung getrennt in zwei recht stabilen Clustern eingruppiert werden, zeigt sich auch an dieser Stelle, dass eine Partition mit fünf Clustern neben den Vorteilen bei der inhaltlichen Interpretation auch statistisch gut begründet werden kann und der zu Beginn favorisierten Vier-Cluster-Lösung vorzuziehen ist.

30 Der Jaccard-Koeffizient gibt den Anteil der in zwei verschiedenen Bootstrap-Stichproben gebildeten und zu vergleichenden Clustern jeweils gleichzeitig vorhandenen Objekte, an der Gesamtzahl der Objekte in den beiden Clustern wieder. Demnach nimmt der Jaccard-Koeffizient den maximalen Wert von eins an, wenn die Zusammensetzung der beiden Cluster identisch ist (vgl. Hennig 2007a: 261).

Ergebnisse der Clusteranalyse

Die Ergebnisse der Clusteranalyse im Detail veranschaulicht Tabelle 12: In Zeilen sind die Mittelwerte für die einzelnen Indizes für die Ergebnisgruppen einer Clusteranalyse abgetragen, bei der die Befragten anhand ihrer schwerpunktmäßigen Orientierungsmuster[31] in Gruppen eingeteilt wurden. Der Tabelle 12 ist zu entnehmen, dass sich die marktstrukturierte Arbeitsorientierung schwerpunktmäßig bei den Befragten des Clusters 1 findet, die Befragten des Clusters 2 eher beruflich strukturiert sind und organisationsstrukturierte Führungskräfte vor allem in Cluster 4 eingeordnet wurden. In Cluster 5 sind mehrheitlich auf das soziale Netzwerk orientierte Befragte aufzufinden und im Cluster 3 sind schließlich diejenigen Personen zu finden, bei denen keine eindeutige Orientierung festzustellen war. Dementsprechend werden im Folgenden zur Bezeichnung der Cluster auch die schwerpunktmäßigen Orientierungen verwendet: Cluster 1 wird im Folgendem mit »Marktorientierung«, Cluster 2 »Berufsorientierung«, Cluster 4 »Organisationsorientierung« sowie Cluster 5 »Netzwerkorientierung« bezeichnet.

Gegenüber der idealtypischen Differenzierung unterschiedlicher Arbeitsorientierungen zeigt sich darüber hinaus, dass sich die Gleichzeitigkeit verschiedener Orientierungen in der betrieblichen Praxis nicht ausschließt. So weisen beispielsweise Befragte mit einer ausgeprägten Orientierung am sozialen Netzwerk (Cluster 5) zugleich eine deutliche Bindung an das Unternehmen beziehungsweise an die Organisation auf. Zusammen mit den Angestellten mit einer ausgeprägten unternehmensgebundenen Arbeitsorientierung (Cluster 4) arbeiten sie vergleichsweise häufiger in höheren Positionen in den Unternehmen. Der Anteil derjenigen Beschäftigten aus der erweiterten Geschäftsführung ist hier besonders hoch. Die ex-ante hergeleitete Typisierung verschiedener Arbeitsorientierungen erwies sich somit in der empirischen Überprüfung als brauchbar: Mit 77 Prozent konnte die überwiegende Mehrheit der Befragten einem der vier Typen zugeordnet werden.

31 Die Stärke der Orientierung wird hier mit Werten zwischen null und zwei angegeben, wobei »zwei« für eine starke Ausprägung steht. In den Zellen stehen jeweils die Durchschnittswerte über alle Befragten eines Clusters.

Tabelle 12: Mittelwerte der Arbeitsorientierungsindizes in den Clustern

	Arbeitsorientierungsindizes					
Cluster	*Markt*	*Organisation*	*Beruf*	*Netzwerk*	*Anteil*	*Anzahl*
1	2,00	0,25	0,70	1,02	18,0	287
2	1,14	0,37	2,00	1,12	19,5	311
3	0,63	0,23	0,72	1,01	22,3	355
4	1,03	2,00	1,22	0,77	21,8	347
5	0,90	1,89	1,20	2,00	18,5	295
Gesamt	1,11	0,95	1,16	1,17	100	1.595

Quelle: Eigene Berechnungen

Betrachtet man die Fallzahlen der einzelnen Cluster, so ergibt sich ein relativ ausgeglichenes Bild (vgl. Tabelle 12). Es ist also keines der Cluster im Vergleich zu den Alternativen deutlich stärker vertreten, so dass es somit keine Dominanz *einer* bestimmten Arbeitsorientierung bei den befragten Führungskräften gibt. In allen Gruppen sind mindestens 287 (Cluster 1) bis maximal 355 (Cluster 3) Befragte vertreten. Führungskräfte sind also weder mehrheitlich individuell nutzenmaximierend noch mehrheitlich berufs-fachlich orientiert. Einige von ihnen identifizieren sich stark mit ihren Kollegen und anderen Führungskräften – sie sind aber ebenso wie diejenigen Führungskräfte, die sich selbst stärker auf Seiten der Unternehmen verorten, bei weitem nicht in der Mehrheit.

Wie bereits geschildert, kommen die Arbeitsorientierungen in der Realität nicht als reine Idealtypen vor, sondern treten jeweils in speziellen Mustern auf. So ist beispielsweise ersichtlich, dass eine durch das *soziale Netzwerk strukturierte Arbeitsorientierung* meistens mit einer organisationsstrukturierten Arbeitsorientierung einhergeht. Hierin ist ein deutliches Anzeichen dafür zu sehen, dass das Zugehörigkeitsgefühl zu einem Unternehmen deutlich größer ist, wenn sich die Befragten stark mit ihrem direkten Arbeitsumfeld verbunden fühlen. Aus diesem Grund verwundert es auch nicht, dass insgesamt 262 Befragte des Cluster »soziales Netzwerk« gleichfalls beiden Statements zur Organisationsorientierung zustimmten. Hierin verdeutlicht sich nochmals die starke Korrelation der beiden Orientierungstypen. Jedoch besteht diese Korrelation nur in eine Richtung: Der umgekehrte Zusammenhang, nämlich dass die Arbeitsorientierung der organisationsorientierten Führungskräfte zugleich auch stark durch das soziale Netzwerk strukturiert ist, ist nicht in gleicher Weise zu beobachten. Fühlt sich eine Führungskraft stark an ein Unternehmen gebunden, geht damit nicht eine größere Bindung an das direkte Arbeitsumfeld beziehungsweise die direkten Kollegen einher.

Die Gründe für diese identifizierten Muster können vielfältig sein, jedoch liegt die Annahme nahe, dass die Identifikation mit dem kollegialen Umfeld eher zu einer stärkeren Verbundenheit mit einem Unternehmen führt, als dass eine starke Identifikation mit der Organisation gleichzeitig eine enge Bindung an die Kollegen hervorruft. Denn während das Unternehmen auch unabhängig von der Zusammensetzung der Belegschaften besteht, existieren die Belegschaften, Abteilungen und Teams nicht unabhängig vom Unternehmen. So identifizieren sich diejenigen Befragten, bei denen die organisationsstrukturierte Arbeitsorientierung schwerpunktmäßig anzutreffen ist, vergleichsweise häufiger mit ihrem Beruf als mit ihrem Kollegenumfeld (»soziales Netzwerk«), was möglicherweise durch die Existenz eines bestimmten »Berufsethos« verständlich wird.

Auch andere anzutreffende Muster, wie zum Beispiel das seltene Einhergehen von Markt- und Organisationsorientierung werden so verständlich: Denn wer vor allem am persönlichen Nutzen, also beispielsweise einem hohen Gehalt, guten Aufstiegschancen und an Karrieremöglichkeiten interessiert ist, ist mitunter auch relativ rasch bereit, sein Unternehmen zu verlassen. Diese Wechselbereitschaft wird mitunter vor allem dann manifest, wenn eine Führungskraft mit ihrer derzeitigen Arbeitssituation unzufrieden ist (vgl. Kapitel 4). Dennoch ist die *Marktorientierung* mehr als bloß ein Maß für die Zufriedenheit der befragten Führungskräfte mit ihrer Erwerbssituation. Denn sie zeigt auch an, wie sehr eventuell bestehende anderweitige Einflüsse (wie berufsfachliche Aspekte, die möglicherweise bestehenden Bindungen an das Unternehmen und an soziale Netzwerke) für die Eigenwahrnehmung der Führungskräfte zugunsten marktlicher Orientierungen in den Hintergrund treten und dann diese marktlichen Vorstellungen das Erleben und Handeln maßgeblich beeinflussen. Es steht hierbei also nicht nur die (Un-)Zufriedenheit mit der eigenen Arbeitssituation im Blickfeld, sondern auch die Dominanz des Prinzips der individuellen Nutzenmaximierung. Eben in diesem Punkt liegt die wesentliche Unterscheidung der Arbeitsorientierung Markt von den drei übrigen identifizierten Orientierungstypen.

Auch bei den vornehmlich *beruflich orientierten Führungskräften* ist eine gleichzeitig nur geringe organisationale Bindung auszumachen. Für Personen mit dieser Arbeitsorientierung stellt, wie bereits beschrieben, vor allem die Institution Beruf die Basis der Selbstwahrnehmung im Arbeitsumfeld dar. Die fachliche Auseinandersetzung mit für sie besonders interessanten Themen ist für diese Führungskräfte also das Reizvolle an ihrer Erwerbstätigkeit. Dabei sind sie in Maßen noch an einem ansprechenden kollegialen Umfeld (Durchschnittswert von 1,12 für das Cluster 2 bei dem Index für die Arbeitsorientierung »soziales Netzwerk«) interessiert, weisen gleichzeitig aber ebenfalls wie die vornehmlich Marktorientierten nur eine geringe Unternehmensbindung auf (Durchschnittswert von 0,37 für das Cluster 2 bei dem Index für die Arbeitsorientierung »Organisation«). Wie gezeigt werden konnte, sind also in den Clustern spezifische Muster analog zu den idealtypischen Arbeitsorientierungen auszumachen. Diese Typisierung lässt zunächst jedoch noch offen, welche Arbeits- und Beschäftigungsbedingungen in den verschiedenen Orientierungsclustern vorherrschen.

5.4 Persönliche Merkmale und empirische Orientierungstypen

Um die Besonderheiten der verschiedenen empirisch anzutreffenden Arbeitsorientierungstypen herauszuarbeiten, ist es notwendig, die Zusammensetzungen der Arbeitsorientierungscluster genauer zu analysieren. Daher sollen in diesem Kapitel nun die bestehenden Querverbindungen zwischen soziostrukturellen Merkmalen der Befragten und den Arbeitsorientierungen herausgestellt werden. Dabei ist zu betonen, dass diese Methode jeweils nur eine Durchschnittsbetrachtung der Cluster beinhaltet – in Einzelfällen sind daher auch gegenläufige Beobachtungen oder Zusammenhänge zwischen den soziostrukturellen Angaben eines Befragten und der ihm zugeordneten Arbeitsorientierung denkbar.

Bezüglich der *Fachrichtung*, der sich die Befragten zuordnen, bestehen beim insgesamt dominierenden Bereich der naturwissenschaftlichen und technischen Berufe (vgl. Kapitel 4.1) zwischen den Arbeitsorientierungen nur graduelle Unterschiede: Jeweils rund 60 Prozent der Befragten ordneten sich diesen Bereichen zu. Deutlichere Unterschiede treten jedoch bei den anderen Fachrichtungen zutage. So sind die medizinischen beziehungsweise pharmazeutischen Berufe unter den Befragten mit beruflicher

Arbeitsorientierung zu annähernd 26 Prozent vertreten, während sie bei den Netzwerkorientierten nur rund 20 Prozent ausmachen. Andere Berufe, also insbesondere Kaufleute etc., weisen dagegen deutlich häufiger die Arbeitsorientierungen »Netzwerk« und »Organisation« auf. Diese Arbeitsorientierungen weisen auch 19 Prozent beziehungsweise 17 Prozent der Befragten ohne genauer bezeichneten Beruf auf, deutlich mehr als bei den anderen Arbeitsorientierungen (»Markt« 14 Prozent; »Beruf« 10 Prozent).

Das durchschnittliche *Alter* der marktorientierten Befragten ist mit 44,5 Jahren im Vergleich am niedrigsten, während die Befragten mit der Arbeitsorientierung »Organisation« hier mit durchschnittlich 47,5 Jahren die Spitze bilden. Bei den übrigen Arbeitsorientierungen liegt das Durchschnittsalter mit jeweils rund 46 Jahren recht nah beieinander (Beruf: 46,4; Netzwerk: 46,2). Der *Frauenanteil* ist im Vergleich zur gesamten Stichprobe vor allem bei den nicht eindeutig einer Arbeitsorientierung zugeordneten Personen mit 21 Prozent hoch. Ebenfalls den Gesamtdurchschnittswert erreicht hier die Berufsorientierten mit 18 Prozent. Die übrigen Arbeitsorientierungen liegen mit Werten von 16 Prozent (Organisation), 15 Prozent (Netzwerk) und 15 Prozent (Markt) darunter.

Die Führungskräfte mit dem *Status* von leitenden Angestellten fallen der Auswertung nach überdurchschnittlich häufig unter die Arbeitsorientierungen »Netzwerk« und »Organisation«. Bei den Berufsorientierten entspricht die Verteilung in etwa derjenigen der gesamten Stichprobe, während bei Marktorientierten ein deutliches Übergewicht der AT-Angestellten ohne Leitendenfunktion zu konstatieren ist (vgl. Abbildung 11).

Mit diesen Verteilungen der beiden Gruppen korrelieren ebenfalls die Verteilungen der Positionen in den jeweiligen Arbeitsorientierungsclustern. Führungskräfte mit höheren Positionen in den Unternehmen sind daher häufiger den Arbeitsorientierungen »Organisation« sowie »soziales Netzwerk« zuzuordnen. Diese Fach- und Führungskräfte sind somit stärker an das Unternehmen gebunden (dies gilt insbesondere im Vergleich zu den durchschnittlich jüngeren und tiefer positionierten Marktorientierten) und auch soziale Netzwerke im Unternehmenskontext nehmen für sie eine bedeutendere Stellung ein.

Das geschilderte Ergebnis führt zu zwei Annahmen bezüglich der wechselseitigen Beeinflussung von Karriereverläufen und Arbeitsorientierungen: Ein unternehmensbezogenes Setting von Interessen und Anspruchshaltungen oder die starke Einbindung in und Orientierung an sozialen Netzwerken könnte demnach die Karrierechancen von Führungskräften begünstigen. Anders herum könnten aber auch die erfahrenen Gratifikationen und die Anerkennungen der Leistung von Führungskräften durch Beförderung auf »höhere« Positionen im Unternehmen deren Identifikation mit und das Commitment zu dem Betrieb, Konzern und auch den Kollegen fördern. Dabei sei hier nochmals auf die bereits geschilderte ähnliche Ausrichtung der Arbeitsorientierungen Organisation und Netzwerk verwiesen (vgl. S. 84f.).

Weiterhin können aber auch ausbleibende Karriereschritte möglicherweise eine eher marktbezogene Arbeitsorientierung begünstigen, die insbesondere auch durch eine stärkere (Unternehmens-)Wechselbereitschaft der Führungskräfte mit dieser Orientierung gekennzeichnet ist. Für Unternehmen sind diese Führungskräfte dennoch wichtige Leistungsträger: Zwar weisen sie eine gewisse »Legionärsmentalität« auf, gleichzeitig sind sie jedoch auch wichtige Leistungsträger im Unternehmen, die bei entsprechenden personenbezogenen oder sich zumindest individuell auswirkenden Leistungsanreizen zu mehr Einsatz und Leistung bereit sind, als vom Unternehmen eigentlich verlangt werden kann.

Abbildung 11: Verteilung AT- und LA-Status in den Arbeitsorientierungsclustern

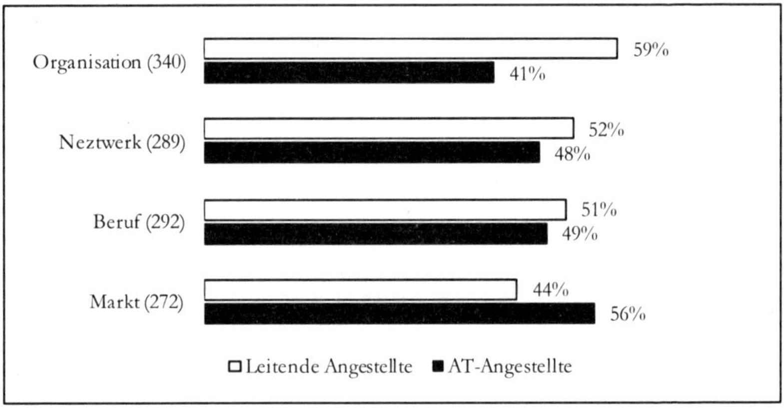

Quelle: Eigene Berechnungen; Fallzahlen in Klammern

Der Anteil der Befragten, die eine »hochqualifizierte Fachposition mit Führungsaufgaben« innehaben ist bei den beruflich Orientierten überdurchschnittlich hoch. Setzt man die Informationen zum Fachbereich der Befragten (vgl. Kapitel 4.1) dazu in Beziehung, so wird deutlich, dass dieser überdurchschnittliche Anteil insbesondere bei Befragten mit naturwissenschaftlich-technischen Berufen auftritt (41 Prozent zu durchschnittlich 29 Prozent).[32] Die Führungskräfte mit einer naturwissenschaftlich-technischen Ausbildung haben im Falle der befragten Akademiker zumeist Studienabschlüsse als Diplom-Chemiker oder Diplom-Ingenieur. Sie sind, so kann das überdurchschnittliche Auftreten der beruflichen Arbeitsorientierung unter diesen Befragten interpretiert werden, auch noch stärker an der inhaltlichen Ausgestaltung ihrer Tätigkeiten interessiert, beziehungsweise möchten sie stärker mit fachlich, auf ihre Ausbildung bezogenen Aufgaben beschäftigt sein. Ob dies nun Resultat der von den Führungskräften vorgefundenen Arbeitsaufgaben und -bedingungen ist oder das Ergebnis einer willentlichen Entscheidung ist, lässt sich auf Grundlage der erhobenen Daten nur vermuten. Es hat jedoch den Anschein, dass diejenigen Führungskräfte, die einen weiteren Aufstieg im Unternehmen nicht in Aussicht haben, sich in ihrer Arbeitsorientierung stärker an fachlich-inhaltlichen Aspekten ihrer Tätigkeit ausrichten. Ihre Ansprüche an einem weiteren Karrierefortschritt verlieren also im Vergleich zu einem wichtiger werdenden inhaltlichen Interesse an der Arbeit an Bedeutung.

Insgesamt 63 Prozent aller Befragten, die in der erweiterten Geschäftsführung tätig sind, weisen eine der beiden Arbeitsorientierungen »Organisation« oder »Netzwerk« auf. Zusätzlich sind auch 45 Prozent der Befragten aus dem mittleren Management diesen Arbeitsorientierungen zuzuordnen. Dies wird auch bei der Betrachtung der Verteilung innerhalb der Arbeitsorientierungscluster deutlich (vgl. Abbildung 12): Hier zeigt sich deutlich, dass Befragte in den Fachpositionen die Arbeitsorientierungen »Markt« und »Beruf« dominieren und Befragte aus dem mittleren Management oder der erweiterten Geschäftsführung die größten Anteile unter den Führungskräften mit den Arbeitsorientierungen »Organisation« und »Netzwerk« aufweisen.

Die Führungskräfte in den mittleren und oberen Postionen sind somit durch ein besonderes Verhältnis zu dem Unternehmen oder zu den anderen Führungskräften im Unternehmen geprägt. Diese besondere Loyalität lässt sich auch aufgrund der eigenen Führungsposition der hier vertretenen Befragten erklären. Ohne ein besonderes Verständnis von Einsatzbereitschaft und Commitment wären die Arbeitsanforderungen und Belastungen, die anscheinend von Führungskräften mit den entsprechenden Posi-

32 χ^2-Test ist hoch-signifikant.

tionen verlangt werden auch bei entsprechender Vergütung nicht möglich (vgl. dazu beispielsweise die Angaben zu Arbeitszeiten, Kapitel 4.1).

Abbildung 12: Anteile der Positionen nach Arbeitsorientierungsclustern

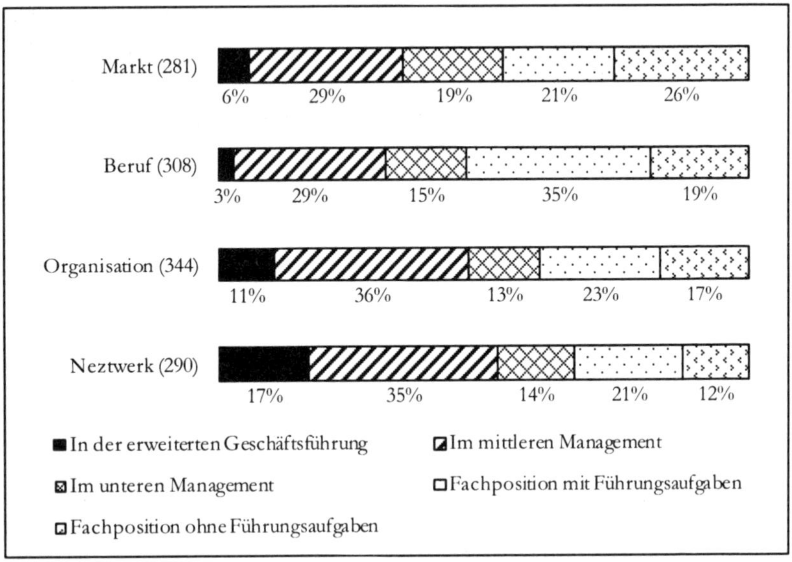

Quelle: Eigene Berechnungen; Fallzahlen in Klammern

Die gerade beschriebenen Verteilungen spiegeln sich auch im *Durchschnittsverdienst* nach Arbeitsorientierungen wider, wie die Abbildung 13 veranschaulicht. Die dort aufgeführten Anteilsabweichungen von den Gesamtdurchschnittswerten zeigen, dass die oberen Gehaltsklassen vermehrt von den Befragten mit Organisations- und Netzwerkorientierung bezogen werden. Marktlich Orientierte sind dagegen überdurchschnittlich häufig Befragte aus den unteren Gehaltsklassen, während die beruflich orientierten Befragten vor allem in den mittleren Einkommensklassen überrepräsentiert sind.

Abbildung 13: Einkommen in den Clustern

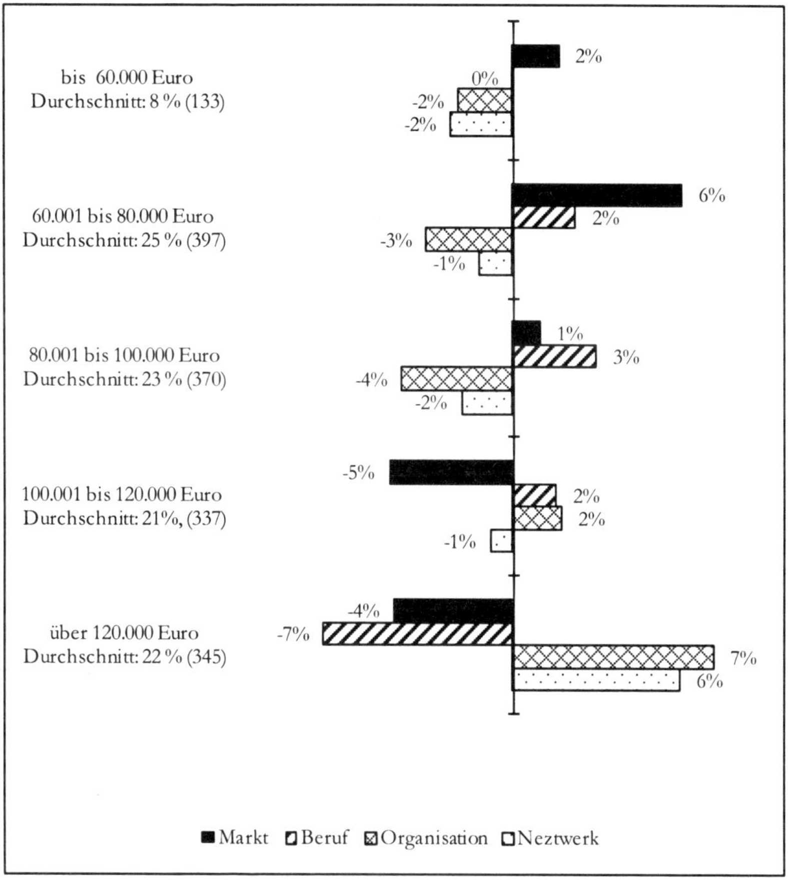

Quelle: Eigene Berechnungen; Abweichungen vom Durchschnittsanteil in Prozentpunkten; Durchschnittsanteile und Fallzahlen sind für jede Einkommensklasse gesondert angegeben

In der Betrachtung der *Unternehmenszugehörigkeitsdauern* der Befragten nach Arbeitsorientierungsclustern (vgl. Tabelle 13) ist augenfällig, dass jeweils über die Hälfte der den Arbeitsorientierungen Markt und Beruf zugeordneten Führungskräfte erst seit maximal zehn Jahren in dem derzeitigen Unternehmen arbeitet, während die Organisations- und Netzwerkorientierten mehrheitlich bereits länger als zehn Jahre im derzeitigen Unternehmen beschäftigt sind. Zum Teil können diese Unterschiede auch auf unterschiedliche Altersstrukturen zurückgeführt werden, dies bildet jedoch nicht die alleinige Erklärungsgrundlage. Während mit diesem Argument beispielsweise die Unterschiede zwischen den Markt- und Organisationsorientierten zumindest teilweise erklärbar werden, kann selbiges Erklärungsmuster für die sich im Durchschnittsalter ähnelnden Befragten der Arbeitsorientierungen »Beruf« und »Netzwerk« nicht verwendet werden. Hier ist darauf zu verweisen, dass beruflich orientierte Personen für eher zu Unternehmenswechseln bereit sein könnten als Personen, die sich insbesondere mit ihrem direkten Arbeitsumfeld verbunden fühlen – dies gilt insbesondere dann, wenn ein Unternehmenswechsel mit interessanten fachlich-inhaltlichen Aufgaben einhergeht. Eine lange zeitliche Zugehörigkeit zu einem Unternehmen führt darüber hinaus auch zu einer besonderen Bindung an dieses und die dort Beschäftigten. Insbesondere dann, wenn man als Führungskraft bereits einigen beruflichen Erfolg in diesem Unternehmen hatte, äußert sich in der hier geschilderten Verteilung auch eine gewisse »Dankbarkeit« und dadurch empfundene Verpflichtung dem Unternehmen gegenüber.

Tabelle 13: Unternehmenszugehörigkeitsdauer nach Arbeitsorientierungen und Alter

	Markt		*Beruf*		*Organisation*		*Netzwerk*	
unter 35	4	(47)	4	(53)	4	(49)	4	(41)
35-45	8	(82)	8	(59)	9	(60)	10	(74)
46-55	15	(61)	16	(91)	16	(90)	15	(69)
über 55	18	(30)	20	(52)	26	(72)	23	(47)

Quelle: Eigene Berechnungen; Fallzahlen in Klammern; Mittelwerte der Betriebszugehörigkeitsdauer in Jahren

Zusammenfassend kann konstatiert werden, dass die verschiedenen Arbeitsorientierungen jeweils mit spezifischen Mustern personen- oder unternehmensbezogener Eigenschaften einhergehen. So konnte unter anderem gezeigt werden, dass in den oberen Führungsebenen der Unternehmen eher Organisations- und Netzwerkorientierte anzutreffen sind. Unter den Berufsorientierten sind dagegen gesteigert Führungskräfte der mittleren Hierarchiestufen anzutreffen, die öfter in Forschungs- und Entwicklungsbereichen tätig sind. Unter den marktlich Orientierten sind demgegenüber jüngere Führungskräfte versammelt, die zumeist noch nicht lange in ihrem derzeitigen Unternehmen tätig sind, die daher noch auf den unteren Hierarchieebenen stehen und somit auch in den unteren Gehaltsklassen zu verorten sind. Da beispielsweise die Merkmale Alter und Betriebszugehörigkeit nicht unabhängig voneinander sind, sondern stets bis zu einem gewissen Grade miteinander korrelieren, sollen im folgenden Abschnitt vertiefend die multinomialen Zusammenhänge von personenbezogenen Merkmalen und Arbeitsorientierungen untersucht werden.

5.5 Bestimmungsgründe der Arbeitsorientierungen

Zur Absicherung der bisher beschriebenen Zusammenhänge wird für die Zuordnung der Führungskräfte zu den jeweiligen Arbeitsorientierungen das folgende multinomiale logistische Modell[33] mit den Befragungsdaten berechnet (vgl. Tabelle 14):

Arbeitsorientierung ~ Position + Einkommensklasse[34] *+ Status + Alter*[35] *+ Geschlecht + Promotion + Standortgröße*[35] *+ Betriebszugehörigkeit*[35] *+ ›Entlassungen im größerem Umfang‹*

Die Ergebnisse der logistischen Regression zeigen, wie die untersuchten individuellen Merkmale mit den Arbeitsorientierungen in Beziehung stehen. So ist zu erkennen, dass die Arbeitsorientierung der Befragten unter Anderem mit der beruflichen Position zusammenhängt (vgl. Tabelle 14). Beispielsweise ist die Wahrscheinlichkeit eine berufliche Arbeitsorientierung aufzuweisen bei Befragten mit einer Fachposition mit Führungsaufgaben höher (im Vergleich zu einer marktlichen Orientierung) als bei Befragten in anderen Positionen. Betrachtet man die Fachbereiche, in denen diese Befragten tätig sind, zeigt sich, dass ungefähr die Hälfte der Befragten in dieser Position im Bereich Forschung und Entwicklung tätig ist.

Bevor nun im Einzelnen auf die Ergebnisse der Modelschätzung eingegangen wird, soll im Folgenden zunächst die Modellgüte untersucht werden: die Performance des Gesamtmodells ist mit einem AUC_{total}-Wert von

33 Die logistische Regression wird an dieser Stelle der Diskriminanzanalyse vorgezogen, da deren Ergebnisse zum einen einfacher zu interpretieren sind und zum anderen – insbesondere bei Verletzung der Verteilungsvoraussetzungen der Diskriminanzanalyse – bessere oder zumindest gleichwertige Schätzergebnisse liefert (vgl. Hurrel 2001: 217).

34 Für die Regression wurde die Variable Einkommen wie folgt in drei Klassen zusammengefasst: unter 80.000 Euro; 80.001 Euro bis 120.000 Euro sowie über 120.000 Euro.

35 Natürlicher kubischer Spline mit drei Freiheitsgraden (vgl. Hastie 1992; sowie Ruppert et al. 2003: 71f.). Mittels der Spline-Glättung kann eine bessere Modelanpassung erreicht werden.

0,662 bewertet, was auf eine durchschnittliche Modellanpassung hinweist (vgl. Provost und Domingos 2003: 209).

Tabelle 14: Ergebnisse der multinomialen logistischen Regression zur Arbeitsorientierung

	Beruf		*unklassifiziert*		*Organisation*		*Netzwerk*	
Effekt	*exp(B)*	*Wald*	*exp(B)*	*Wald*	*exp(B)*	*Wald*	*exp(B)*	*Wald*
(Intercept)	0,84	0,04	1,71	0,41	4,91	3,70	4,01	2,50
Position								
(Basis: Geschäftsführung)								
mittleres Management	1,62	0,85	0,76	0,36	0,63	1,20	0,37*	5,50
unteres Management	1,20	0,10	0,62	0,90	0,40	3,40	0,27**	6,90
Fachposition mit FA	2,40	2,43	0,68	0,59	0,58	1,20	0,27**	7,20
Fachposition ohne FA	1,10	0,03	0,75	0,32	0,36*	4,00	0,11***	17,00
Einkommen								
(Basis: unter 80.000)								
80.001 –120.000	0,98	0,00	1,01	0,00	1,16	0,27	0,69	1,60
über 120.000	0,56	1,92	0,72	0,66	1,26	0,32	0,79	0,34
LA-Status	1,72*	4,45	1,14	0,26	1,17	0,36	1,22	0,51
Alter[36]								
(1)	1,78	0,86	1,45	0,39	0,93	0,02	0,42	1,80
(2)	0,40	0,26	0,93	0,00	0,08	2,00	1,02	0,00
(3)	1,47	0,16	1,57	0,23	0,69	0,14	1,90	0,43
Geschlecht: männlich	0,76	0,93	0,52*	6,26	0,56*	4,10	0,66	2,00
Promotion	1,02	0,01	1,06	0,07	0,87	0,38	0,93	0,11
Standortgröße[36]								
(1)	1,79	0,52	0,81	0,06	1,00	0,00	2,62	1,30
(2)	1,91	1,21	1,76	0,99	3,03	3,60	1,77	0,89
(3)	1,01	0,00	1,46	0,42	3,27*	4,80	1,47	0,44
Betriebszugehörigkeitsdauer[36]								
(1)	0,94	0,01	1,36	0,21	0,95	0,01	3,17	2,50
(2)	3,30	0,84	7,97	2,55	36,21	7,70	11,51	3,20
(3)	6,10	0,98	5,56	0,89	54,45	5,30	3,71	0,49
Entlassungen im größeren Umfang	0,88	0,34	0,57*	6,70	0,22***	32,00	0,32***	20,00
Pseudo-R (Nagelkerke)	0.178							
AIC	3.568							
N	1.128							

*Quelle: Eigene Berechnungen; Basiskategorie: Marktorientierung; Signifikanzniveau : *** 0,001, ** 0,01, * 0,05*

Zur Bestimmung des Einflusses der Modellvariablen wurde ein Likelihood-Ratio-Test durchgeführt (vgl. Backhaus et al. 2006). Für die multinomiale Schätzung weist insbesondere die betriebliche Position, die Länge der Betriebszugehörigkeit und das Vorhandensein von Entlassungen in größerem Umfang einen Beitrag zur Verbesserung des Modells auf (vgl. Tabelle 15).

36 Die direkte Interpretation der Koeffizienten ist aufgrund der Modellierung als Spline nur schwer möglich, daher wird stattdessen der Einfluss der Variable auf die geschätzten Werte betrachtet (vgl. Fahrmeir et al. 2007: 299).

Des Weiteren liefern die Variablen Einkommen, Alter und Standortgröße einen größeren Beitrag zur Verbesserung der Modellschätzung.

Tabelle 15: Likelihood-Ratio Test »Clusterzugehörigkeit«

	LR χ^2	*Df*	*Pr(>*χ^2*)*
Position	46,671	16	0,000 ***
Einkommen	11,846	8	0,158
LA-Status	5,385	4	0,250
Alter	14,141	12	0,292
Geschlecht	7,686	4	0,104
Promotion	1,133	4	0,889
Standortgröße	14,132	12	0,292
Betriebszugehörigkeit	22,976	12	0,028 *
Entlassungen im größeren Umfang	51,812	4	0,000 ***

*Quelle: Eigene Berechnungen; Signifikanzniveau : *** 0,001, ** 0,01, * 0,05*

In Abbildung 14 ist der Einfluss von »Entlassungen im größeren Umfang« auf die Arbeitsorientierungen dargestellt. Es ist deutlich zu erkennen, dass die Wahrscheinlichkeit für Führungskräfte eine marktliche oder berufliche Arbeitsorientierung aufzuweisen bei Vorhandensein von Entlassungen größer ist, während die Organisationsorientierung deutlich abnimmt. Gleiches gilt auch für die Orientierung am sozialen Netzwerk: Diese fällt ebenfalls deutlich geringer aus, wenn es in dem Unternehmen der betreffenden Führungskraft Entlassungen im größeren Umfang gab. Eine über einen längeren Zeitraum anhaltende Unsicherheit, möglicherweise von größeren betrieblichen Umstrukturierungen oder gar von Entlassungen direkt betroffen zu sein, bewirkt bei den Führungskräften also offenbar eine tendenzielle Veränderung und Neuausrichtung ihrer Arbeitsorientierung weg von einem Zugehörigkeitsgefühl zu einem Unternehmen oder einer bestimmten Gruppe von Kollegen hin zu einer stärkeren Konzentration auf berufsfachliche Inhalte oder hin zu einer stärkeren nutzenorientierten Einstellung gegenüber dem Erwerbsleben.

Dieses Ergebnis ist für Unternehmensentscheidungen über Personalanpassungen und Entlassungen von großer Bedeutung: Wenn solche Personalmaßnahmen nicht behutsam, in Abstimmung mit den Interessenvertretungen und transparent kommuniziert durchgeführt werden, können alle unter Umständen kurzfristig zu erzielenden Kosteneinsparungseffekte von Entlassungen längerfristig durch die »unsichtbare«, aber deshalb vielleicht umso tiefer wirkende »innere Kündigung« vieler der verbleibenden Führungskräfte zu erheblichem Schaden für ein Unternehmen führen.

Beide der hier bei den Führungskräften identifizierten Ausrichtungen scheinen rational: Wenn im Unternehmen relativ unsicherere Zukunftschancen bestehen, dann ist es im Hinblick auf die weitere Karriere sinnvoll, sich entweder mehr auf die Inhalte zu fokussieren und sich dadurch für das eigene Unternehmen wieder attraktiver zu machen oder auch sich marktlich auf potenzielle neue Arbeitgeber hin zu orientieren. Im Falle der Berufsorientierung steht jedoch zunächst das Interesse an der inhaltlichen Aufgabe und an der Zugehörigkeit zu einer bestimmten Berufsgruppe im Vordergrund und nicht so sehr die Öffnung gegenüber einem Markt.

Abbildung 14: Wahrscheinlichkeit für Arbeitsorientierungen in Abhängigkeit von Entlassungen

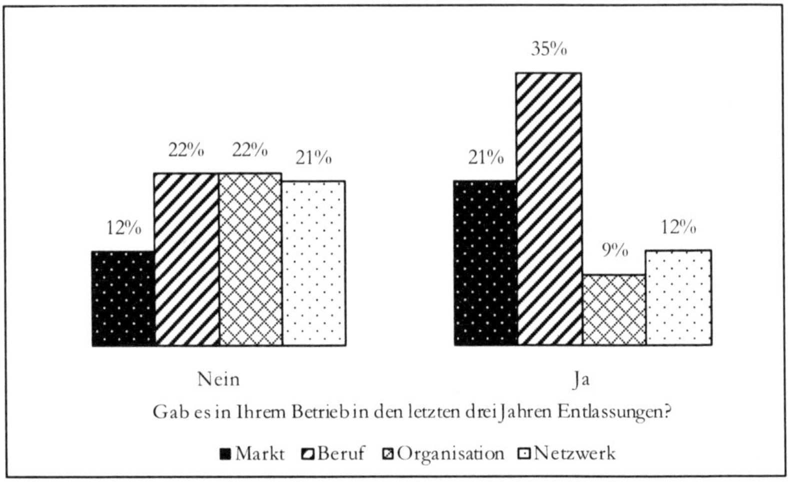

Quelle: Eigene Berechnungen; Modellgrundlage: Leitende Angestellte, mit Promotion, Einkommen 80.001 bis 120.000, im mittleren Management, Alter; Betriebszugehörigkeit und Standortgröße werden auf den Mittelwert gesetzt

Wie die Abbildung 14 anschaulich darstellt, ist die Wahrscheinlichkeit für die Organisationsorientierung im Falle von in größerem Umfang durchgeführten Entlassungen nur noch halb so groß gegenüber dem Fall, dass es keine Entlassungen gab. Dies macht nochmals sehr deutlich, wie sehr auch die Führungskräfte in ihrem Vertrauen und ihrer Einsatzbereitschaft gegenüber den Unternehmen verunsichert sind, wenn es zu derartigen Einschnitten kommt. Es zeigt sich, dass Entlassungen seitens der Beschäftigten immer auch bei den zunächst nicht persönlich betroffenen (also vorerst nicht entlassenen) Beschäftigten eine Wirkung entfalten. Dies kann für Unternehmen mitunter auch ein Problem darstellen, denn gerade auf die Leistungsbereitschaft und Loyalität der in dieser Studie befragten Fach- und Führungskräfte kommt es in wirtschaftlich schwierigen Zeiten umso mehr an.

Abbildung 15: Wahrscheinlichkeit für Arbeitsorientierungen in Abhängigkeit von Betriebszugehörigkeit

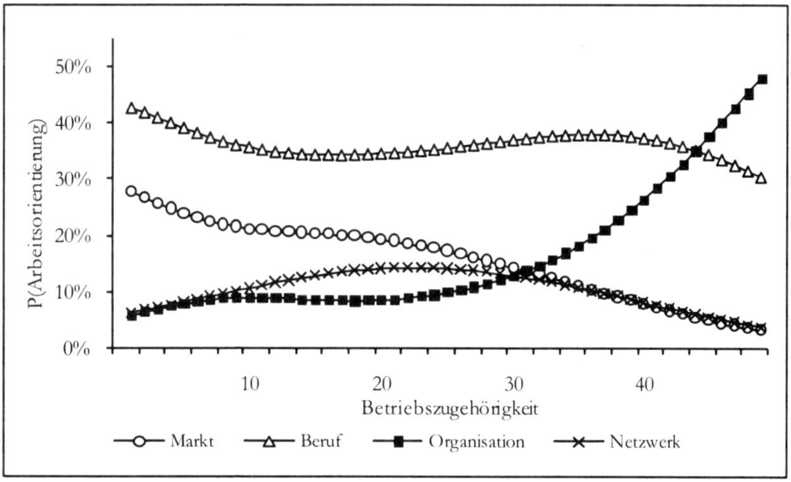

Quelle: Eigene Berechnungen; Modellgrundlage: Leitende Angestellte, mit Promotion, Einkommen 80.001 bis 120.000, im mittleren Management, es gab eine größere Zahl von Entlassungen; Alter, Betriebszugehörigkeit und Standortgröße werden auf den Mittelwert gesetzt

Bei der detaillierten Betrachtung des *Einflusses der Betriebszugehörigkeitsdauer* lässt sich gut der Zusammenhang mit der Wahrscheinlichkeit für eine Organisationsorientierung erkennen. Mit längerer Betriebszugehörigkeit erhöht sich die Wahrscheinlichkeit für einen stärkeren Organisationsbezug und dementsprechend sinken die Neigungen zu den anderen Arbeitsorientierungen.[37] Eine Ausnahme bildet die berufliche Arbeitsorientierung: Die Wahrscheinlichkeit einer solchen Arbeitsorientierung anzunehmen, ist bei steigender Betriebszugehörigkeit relativ konstant, sinkt jedoch (wie auch bei der Netzwerk- und Marktorientierung) bei sehr langer Betriebszugehörigkeit. Diese Wahrscheinlichkeit für die Arbeitsorientierung »Beruf« nimmt erst ab einer Betriebszugehörigkeit von circa vierzig Jahren ab. Derartige Verweildauern sind jedoch auch unter den Befragten nur selten anzutreffen.

Abbildung 16: Wahrscheinlichkeit für Arbeitsorientierungen in Abhängigkeit vom Alter

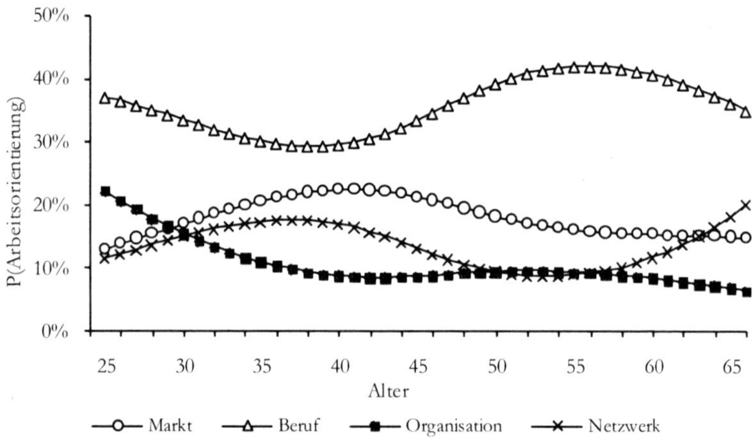

Quelle: Eigene Berechnungen; Modellgrundlage: Leitende Angestellte, mit Promotion, Einkommen 80.001 bis 120.000, im mittleren Management, es gab eine größere Zahl von Entlassungen; Betriebszugehörigkeit und Standortgröße werden auf den Mittelwert gesetzt

37 Diese Feststellung darf jedoch nicht als Prozessbeschreibung verstanden werden, vielmehr wird die Verteilung der Arbeitsorientierungen von Befragten mit unterschiedlicher Betriebszugehörigkeit verglichen. Aussagen mit prozesshaften Charakter lassen sich begründet generell nur mit Längsschnittdaten treffen, wobei sich die auf Arbeitsorientierungen bezogenen Fragestellungen einer retrospektiven Befragung entziehen und so nur in einem Panel-Design zugänglich wären. Lediglich der Vergleich mit Ergebnissen der bisherigen Forschung lässt daher Rückschlüsse auf prozesshafte Veränderungen zu: Bei den Arbeitsorientierungen sind dies insbesondere die Erkenntnisse der Angestelltensoziologie der 1970er Jahre (vgl. Kapitel 2). Leider sind die bisher erzielten Erkenntnisse aus verschiedenen Gründen, wie divergierender Fragestellungen oder abweichender Untersuchungsfelder, nicht anschlussfähig, so dass auf prozessbezogene Aussagen verzichtet werden muss.

Auch die Modellrechnungen zum *Einfluss des Alters* der Führungskräfte führen zu bemerkenswerten Ergebnissen. Entgegen den Ergebnissen der rein deskriptiven Ausführungen zeigt sich in der multivariaten Analyse kein positiver Zusammenhang zwischen dem Alter und der Wahrscheinlichkeit, eine auf die Organisation bezogene Arbeitsorientierung aufzuweisen. Dieser Widerspruch löst sich auf, wenn die Einkommensklassen mit in die Betrachtung einbezogen werden. Dann zeigt sich, dass lediglich bei Führungskräften in der höchsten Einkommensklasse die Wahrscheinlichkeit für die Organisationsorientierung mit dem Alter steigt – in allen anderen Einkommensstufen ist die Wahrscheinlichkeit dagegen in den jüngeren Altersjahrgängen deutlich höher.

Der *Einfluss der Standortgröße* spielt ebenfalls eher bei den jüngeren Altersklassen eine bedeutende Rolle: Dort steigt die Wahrscheinlichkeit zur Organisationsorientierung mit der Standortgröße. Für die Arbeitsorientierung Netzwerk steigt diese Wahrscheinlichkeit für die jüngeren Jahrgänge bis zu einem Alter von ungefähr 35 Jahren, sinkt dann wieder und steigt für die Altersklassen ab Mitte fünfzig wieder an. Bei der Arbeitsorientierung Beruf präsentiert sich für die jüngeren Führungskräfte ein anderer Verlauf. Hier sinkt die Wahrscheinlichkeit einer derartigen Orientierung bis zu einem Alter von knapp 40 Jahren zunächst ab. – Für Ältere steigt die Wahrscheinlichkeit, eine berufliche Arbeitsorientierung aufzuweisen, bis zu einem Alter von Mitte fünfzig und sinkt danach wieder leicht. Der Einfluss der Standortgröße ist für die Arbeitsorientierungen Beruf und Netzwerk relativ ähnlich und weist einen glockenförmigen Verlauf auf. Insgesamt ist jedoch festzustellen, dass die Größe des Unternehmensstandortes nur einen äußerst geringen Einfluss auf die Entwicklung einer bestimmten Arbeitsorientierung hat. Die Wahrscheinlichkeit einer marktliche Arbeitsorientierung ist in den Altersklassen um 40 Jahre herum am größten. Auch hier ist der Einfluss der Standortgröße vernachlässigbar.

Die vorgestellten multivariaten Auswertungen der Arbeitsorientierungen der Führungskräfte festigen demnach insgesamt die anhand der deskriptiven Analyse getroffenen Aussagen: Die verschiedenen auszumachenden Orientierungsmuster gehen mit unterschiedlichen Settings von Beschäftigtenmerkmalen einher. Dennoch kann nicht von einer Determination der Arbeitsorientierung durch bestimmte in der Person liegende Eigenschaften wie beispielsweise dem Alter ausgegangen werden. Vielmehr beeinflussen sich Arbeitsorientierungen und bestimmte berufsbezogene Merkmale der befragten Führungskräfte wechselseitig. Dieser Befund geht weit über die

Erkenntnisse der bisherigen Angestellten- und Führungskräfteforschung hinaus: In aller Regel wurde in den in Kapitel 3 aufgeführten Untersuchungen nämlich etwas vereinfacht ein »materialistischer« Ansatz verwendet, demzufolge die Arbeitssituation das Arbeitsbewusstsein und dieses wiederum die Disposition zu bestimmten Formen kollektiver Interessenvertretung beeinflussen.

Die hier vorgestellten Befunde sprechen für eine lebensverlaufsbezogene Dynamisierung und »dialektische« Betrachtung des Verhältnisses von Arbeitsorientierungen, erwerbsbezogenen Erfahrungen (zum Beispiel Entlassungen) und personen- und situationsbezogenen Merkmalen (zum Beispiel die eigene Ausbildung oder die betriebliche Position). Diese bisherigen Ergebnisse lassen auch vermuten, dass die Frage nach den Formen der Interessenorientierungen und der Partizipationserwartungen von Führungskräften differenzierter zu betrachten sind, als dies bisher häufig geschehen ist.

6 Führungskräfte und betriebliche Mitbestimmung

In diesem Kapitel werden die »Partiziptationsorientierungen« von Führungskräften in der chemischen Industrie beschrieben und analysiert. Dabei werden mit dem Begriff Partizipationsorientierungen die Einstellungen, Erwartungen sowie Wünsche der Befragten verstanden, die sich auf Partizipation und Mitbestimmung beziehen. Weitergehend sind hier damit im engeren Sinne jene Orientierungen zu verorten, die sich auf die Durchsetzung und Erfüllung der für die Arbeitsorientierungen relevanten Interessen beziehen (vgl. Kapitel 5.3). Der Begriff »Partizipation« wird somit, wie es beispielsweise Müller-Jentsch formuliert, »als Oberbegriff für alle Teilhaberechte und Beteiligungsmodelle« (Müller-Jentsch 1997: 261) verstanden.

Bislang haben sich Vermutungen nicht bestätigen lassen, dass sich auch Führungskräfte und leitende Angestellte letztlich ihrer Rolle als abhängig Beschäftigte vermehrt bewusst werden könnten und damit dann eine Chance auf ihre kollektive Mobilisierbarkeit zum Beispiel durch Gewerkschaften und für soziale Bewegungen bestünde (wie dies in einem Teil der im Kapitel 2 dargestellten Forschungsliteratur angenommen wurde). Bisherige Forschungsergebnisse zu Partizipation und Mitbestimmung im Bereich der hochqualifizierten Angestelltentätigkeit zeigen vielmehr, dass hier der Vertretung der Interessen in eigener Person ein besonders Gewicht zukommt[38], auch wenn in einem Unternehmen Betriebsrat, Sprecherausschuss oder ähnliche Gremien existieren (vgl. etwa Faust et al. 2000: 32ff.; Kotthoff 1997: 301; Kapitel 2). So spielt nach bisherigen Forschungsergebnissen die Schutzfunktion von Gewerkschaften und Tarifverträgen für die hochqualifizierten Angestellten und Führungskräfte in der chemischen Industrie beispielsweise nur eine untergeordnete Rolle: Die Akzeptanz von

38 Hier können auch Parallelen zu Forschungsergebnissen aus dem Bereich der Digitalen Wirtschaft gezogen werden, in denen ebenfalls die Selbstvertretung der dort beschäftigten hochqualifizierten Fachleute die zentrale Rolle in der Interessenvertretung einnimmt (vgl. hierzu Ittermann/Niewerth 2004; Lange et al. 2005; Boes/Trinks 2006).

Betriebsräten und Industrie-Gewerkschaften ist – zumindest für die Vertretung der eigenen Interessen – nach vorliegenden Erkenntnissen gering (vgl. IG BCE 2007b).

Ein Argument hierfür ist, dass sich diese Beschäftigten quasi nur in einer Wartestellung auf die Position eines leitenden Angestellten befinden. Eine so lautende Argumentationslinie könnte allerdings im Zuge des Wandels der Erwerbs- und Karriereverläufe von Hochqualifizierten und Akademikern zunehmend an Gewicht verlieren (vgl. Faust 2002, Kotthoff/Wagner 2008: 123ff.; Kotthoff 2008). Denn es nimmt zwar die Zahl der außertariflichen Angestellten insgesamt zu, jedoch wird die klassische »Kaminkarriere«, in der die Führungskräfte mit andauernder Betriebszugehörigkeit immer weiter in den Positionen und Hierarchien im Unternehmen aufsteigen, seltener. Heute weisen auch die Erwerbsbiographien von Führungskräften Brüche auf und der einstmals vorprogrammierte Aufstieg ist längst nicht mehr für alle potentiellen Führungskräfte garantiert (vgl. Kotthoff/Wagner 2008).

Die in bisherigen Forschungsarbeiten als gering eingestufte Bedeutung kollektiver Mitbestimmungsformen wurde unter anderem auch mit einer Mittelschichtorientierung, einer starken professionellen Orientierung und einem Verbundenheitsgefühl mit dem Management beziehungsweise dem Unternehmen erklärt (vgl. Beck et al. 1980, zu neueren Ergebnissen vgl. Kotthoff 1997; Tietel 2006). Gelten diese Beschreibungen auch noch unter den Bedingungen des tiefgreifenden Wandels für die früher privilegierte Gruppe der außertariflichen und leitenden Angestellten? Kommt es angesichts von Krisenerfahrungen und der »Massifizierung« der früher exklusiven Gruppe von hochqualifizierten und leitenden Angestellten eventuell zu einem Einstellungswandel bei den Führungskräften in die Richtung einer stärkeren kollektiven Interessenvertretung? Kotthoff sieht beispielweise Anzeichen dafür, dass die hochqualifizierten Angestellten sich ihres eigenen »Arbeitnehmerstatus« (Kotthoff 2008: 2) deutlicher bewusst werden und daher in Zukunft möglicherweise für gewerkschaftliche Themen öffnen würden.

Vor dem Hintergrund dieser allgemeinen Fragestellungen werden im Folgenden die Partizipationsorientierungen der befragten Führungskräfte eingehender analysiert. Mit Partizipationsorientierungen sind hier vor allem zwei Aspekte gemeint: Zum einen geht es um die Bedeutung, welche die Befragten den individuellen und kollektiven Formen der Interessenaushandlung generell (für sich selbst und für andere Beschäftigtengruppen) zuschreiben; gemeint sind die Partizipationsmöglichkeiten, welche von den Befragten gesehen werden. Zum zweiten sind hier beispielsweise Erwartungen gemeint, die die Befragten für sich selbst an die operative, also die Gestaltung der Arbeits- und Beschäftigungsbedingungen betreffende, und strategische, somit die wirtschaftliche Ausrichtung der Unternehmen betreffende, Partizipation im Unternehmen haben.

Wechselwirkungen zwischen Arbeits- und Partizipationsorientierungen

Die vorliegende Untersuchung beruht auf der Annahme, dass zwischen Arbeits- und Partizipationsorientierungen ein enges Wechselverhältnis besteht, auch wenn zwischen beiden Parametern keine eindeutige Determination vorliegt (vgl. Ittermann 2009: 110ff.). Wie hängen nun die in Kapitel 5 vorgestellten Arbeitsorientierungstypen mit den Partizipationsorientierungen der befragten Führungskräfte zusammen?

Wie äußern sich diese Wechselwirkungen in der Praxis? Eine Fach- oder Führungskraft mit einer stark ausgeprägten marktstrukturierten Arbeitsorientierung wird Formen der individuellen Interessenaushandlung bevorzugen. Die Fokussierung auf die eigene Nutzenmaximierung legt diese Annahme nahe, wobei im Einzelfall selbstverständlich auch eine gemeinsame Interessenartikulation mit anderen Arbeitnehmern (zum Beispiel durch Betriebsrat oder Sprecherausschuss) mehr Nutzen für den Einzelnen bedingen kann. Bei denjenigen Personen, die eine stärker durch die Organisation strukturierte Arbeitsorientierung aufweisen, ist dagegen eher davon auszugehen, dass ihre Partizipationserwartung sich nach den schon im Unternehmen bestehenden Mitbestimmungsformen richtet. Diese Erwartung besteht, da sich Beschäftigte mit einer derartigen Arbeitsorientierung sehr stark mit der Organisation, beziehungsweise mit deren Regeln und Normen, identifizieren. Die Partizipationsformen, die diese Beschäftigten präferieren, sind beeinflusst von der im jeweiligen Unternehmen entwickelten Mitbestimmungskultur. Diese kann vielfältig ausgestaltet sein, allerdings spricht einiges dafür, dass hier auch kollektive Formen der Interessenvertretung nicht auszuschließen sind – denkbar sind dabei auf der betrieblichen Ebene neben den traditionellen Gremien wie Betriebsräten und Sprecherausschüssen auch betriebs- oder unternehmensspezifische Lösungen, sogenannte andere Vertretungsorgane (AVO; vgl. Pries et al. 2006; Hauser-Ditz et al. 2008). In anderen Bereichen hochqualifizierter Wissensarbeit, wie zum Beispiel in Teilen der Digitalen Wirtschaft haben nicht verfasste betriebliche Gremien wie »round tables« oder Vertrauensräte bereits eine weite Verbreitung gefunden (vgl. Ittermann/Niewerth 2004: 55ff.; Ittermann 2009: 55ff.). Personen mit einer starken beruflichen Orientierung dürften wohl am ehesten Zusammenschlüsse auf beruflicher beziehungsweise fachlicher Ebene präferieren, um ihre Interessen zu verfolgen. Dies können zum Beispiel Berufsverbände, spezielle Führungskräfteverbände oder auch Zusammenschlüsse in Fachgruppen oder Ähnliches sein. Dagegen ist davon auszugehen, dass Beschäftigte mit einer Netzwerkorientierung vor allem an einer Einbringung der persönlichen Vorstellungen über soziale Netzwerke, also einer gemeinschaftlichen Interessenartikulation beziehungsweise einem gemeinschaftlichen Interessenhandeln mit anderen Netzwerkmitgliedern, interessiert sind.

Den vorgestellten Annahmen liegt die Überlegung zugrunde, dass die Arbeitsorientierungen mit den Einstellungen zu Partizipation und Mitbestimmung (Partizipationsorientierungen) zusammenhängen. Wie bereits erwähnt wurde, kann allerdings nicht von einer einseitigen Determinierung ausgegangen werden. Ebenso wie die Arbeitsorientierung die Partizipationserwartung beeinflusst, ist auch der umgekehrte Fall denkbar: die erlebten Partizipationserfahrungen wirken sich auch auf die Arbeitsorientierung aus. So könnte beispielsweise ein Beschäftigter mit marktstrukturierter Arbeitsorientierung und dem daraus begründeten Wunsch nach individueller Interessenaushandlung aufgrund von negativen Erfahrungen doch wieder kollektiven Formen der Interessenvertretung gegenüber positiver eingestellt sein. Wie schon in Kapitel 5 aufgezeigt werden konnte, hat der persönliche und betriebliche Kontext der befragten Führungskräfte einen Einfluss auf deren Arbeitsorientierungen. Die Betrachtung dieser Einflussfaktoren soll daher auch auf die Partizipationsorientierungen und -bewertungen ausgedehnt werden.

6.1 Beteiligungsstrukturen

Wie bereits in Kapitel 3 dargestellt wurde, teilt sich die Gruppe der befragten Führungskräfte anhand der für sie geltenden gesetzlichen Bestimmungen bezüglich Partiziaptions- und Mitbestimmungsmöglichkeiten in zwei Gruppen: die leitenden Angestellten und nicht-leitenden AT-Angestellten.

Damit gehen, wie ebenfalls bereits geschildert wurde, jeweils spezifische Regelungen in der Interessenvertretung einher. Die Führungskräfte ohne Leitungsfunktion verfügen über Mitbestimmungsrechte wie die anderen Arbeitnehmer des tariflichen Bereiches auch. Für sie sind daher formal die Betriebsräte in den Unternehmen zuständig, die auch von diesen Führungskräften mit gewählt werden können. Die Interessen der leitenden Angestellten werden auf betrieblicher Ebene über Sprecherausschüsse vertreten. Diese Sprecherausschüsse haben jedoch keine Mitbestimmungs- sondern nur Anhörungs- und Informationsrechte (vgl. Kapitel 3).

Über diese gesetzlich festgelegten Regelungen hinaus gibt es jedoch auch weitere Mitsprache- und Beteiligungsmöglichkeiten für Fach- und Führungskräfte. Wie in den vergangenen Jahren in verschiedenen Studien über die Fachkräfte der IT-Wirtschaft gezeigt werden konnte, ist insbesondere die Mitsprache »in der ersten Person«, also die direkte Beteiligung, in Bereichen der hochqualifizierten Wissensarbeit relevant (vgl. Ittermann 2009; Boes/Trinks 2006; Lange et al. 2005). Die im Bereich der IT- und Neue Medien-Unternehmen tätigen hochqualifizierten Beschäftigten und die in dieser Studie untersuchten Führungskräfte weisen dabei einige Gemeinsamkeiten auf. Dies betrifft zunächst insbesondere ihre hohe (fachliche) Qualifikation: Beide Gruppen können Aufgaben übernehmen, die andere Beschäftigte nicht adäquat erfüllen können (vgl. hierzu auch Lange et al. 2005: 14). Auch die Interessenlagen der beiden Beschäftigtengruppen weisen in Teilen einige Parallelen auf: So werden in beiden Bereichen jeweils die Möglichkeit des selbstständigen und eigenverantwortlichen Arbeitens sowie die Ausgestaltung der Arbeitsinhalte als wichtige Interessenaspekte genannt (vgl. Kapitel 4.3; Ittermann 2009: 201ff.; Lange et al. 2005: 103ff.).

Darüber hinaus gibt es zwischen den Hochqualifizierten der neuen Wirtschaftsbereiche und den Fach- und Führungskräften der chemischen Industrie auch einige bedeutende Unterschiede. Diese sind vor allem im institutionellen Setting der Branchen zu sehen: Während in den erwähnten Studien über die Arbeit in den Neue-Medien-Industrien vor allem kleinere und mittlere, junge Unternehmen betrachtet wurden, spielen im Bezug auf die Chemieindustrie und insbesondere auch für die befragten Fach- und Führungskräfte die großbetriebliche Struktur und die erprobten und lange entwickelten Mechanismen der institutionell verankerten Mitbestimmung und Interessenaushandlung eine bedeutende Rolle (vgl. Kapitel 3).

Beide erwähnten Varianten von Partizipation – gesetzlich verankert oder »nur« tatsächlich geübte Praxis – sollen in den nächsten Abschnitten auf ihre strukturelle Verbreitung und Bewertung durch die betroffenen Führungskräfte hin untersucht werden.

Abbildung 17: Verbreitung der Interessenvertretungsgremien

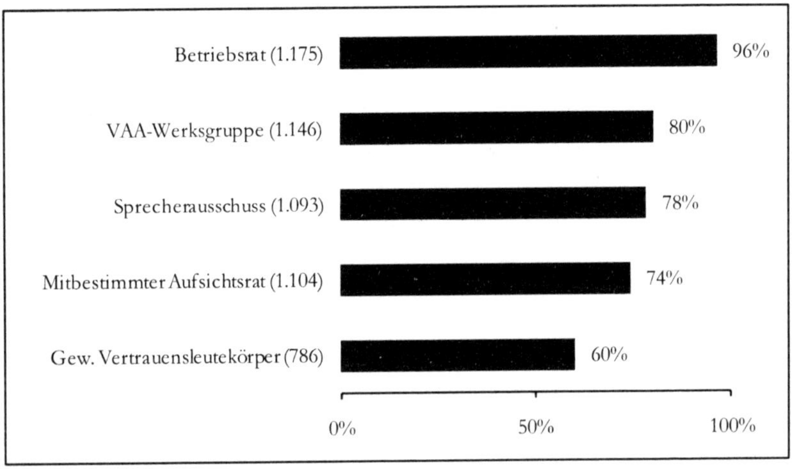

Quelle: Eigene Berechnungen; Fallzahlen in Klammern

Ebenso wie tarifvertragliche Regelungen sind Betriebsratsgremien charakteristisch für die Unternehmen der chemischen Industrie. So sind 96 Prozent der befragten Fach- und Führungskräfte in Betrieben mit Betriebsrat tätig. Falls kein Betriebsrat existiert, handelt es sich insbesondere um kleine Unternehmen: Während bei nahezu allen Befragten, die an Standorten mit mehr als 100 Beschäftigten arbeiten, ein Betriebsrat existiert, ist dies bei Befragten von Standorten mit weniger als 100 Beschäftigten »nur« bei 58 Prozent der Fall. Die Existenz eines mitbestimmten Aufsichtsrats im Unternehmen wird von 74 Prozent der Befragten angegeben. Diese hohen Zahlen für institutionalisierte betriebliche und unternehmensbezogene Mitbestimmungsgremien sind insbesondere auf die großbetriebliche Struktur des Untersuchungsfeldes zurückzuführen (vgl. Kapitel 3)[39]. Es ist daher davon auszugehen, dass die Existenz betrieblicher Interessenvertretungen auch der Gruppe der Fach- und Führungskräfte nicht unbekannt ist. Betriebsräte, VAA-Werksgruppen, Sprecherausschüsse, mitbestimmte Aufsichtsräte und gewerkschaftliche Vertrauensleute werden zumindest als Akteure kollektiven Interessenaushandelns auf der betrieblichen Bühne von den befragten Führungskräften wahrgenommen.

Neben den Gremien der Unternehmensmitbestimmung und dem Betriebsrat sind auch die spezifischen Interessenvertretungsorgane der Führungskräfte beziehungsweise leitenden Angestellten in den Unternehmen der chemischen Industrie strukturell verankert. So bestätigen jeweils rund drei Viertel der Befragten die Existenz von Werksgruppen des VAA sowie von Sprecherausschüssen. Es ist dabei ein deutlicher Größeneffekt bei den VAA-Werksgruppen zu finden: Ab einer Standortgröße von 5.000 Beschäftigten geben nahezu alle Befragten an, dass eine Werksgruppe besteht. In den Größenklassen 1 bis 499 und 500 bis 999 arbeitet jeder Zweite (46 Prozent) beziehungsweise fast drei Viertel (72 Prozent) in einem Betrieb mit VAA Werksgruppe. Die Angaben zur Existenz von Sprecherausschüssen folgen einer ähnlichen Verteilung, wie Tabelle 16 zeigt.

Gewerkschaftliche Vertrauensleutekörper sind bei mehr als der Hälfte der Befragten (55 Prozent) im Unternehmen vorhanden. Andere Gremien der betrieblichen Interessenvertretungen sind hingegen in den Unternehmen der befragten Führungskräfte kaum verbreitet. Gemeinsame Gremien von Geschäftsführungs- und Beschäftigtenvertretern gaben so nur rund fünf Prozent, andere Vertretungsgremien der leitenden und anderen AT-Angestellten sogar nur 0,6 Prozent der Befragten an.

39 Damit liegen die Angaben der Befragten in einer ähnlichen Größenordnung wie die Ergebnisse der 15. Welle des IAB-Betriebspanels für die westdeutsche Privatwirtschaft: In Betrieben mit mehr als 500 Beschäftigten arbeiten 92 Prozent der Arbeitnehmer in einem Betrieb mit Betriebsrat. In Betrieben mit 200 – 500 Beschäftigten sind dies immer noch 82 Prozent (vgl. Ellguth/Kohaut 2008; Hauser-Ditz et al. 2008).

Tabelle 16: Verbreitung ausgewählter Interessenvertretungsgremien nach Standortgröße

	Mitbestimmter Aufsichtsrat		Betriebsrat		Sprecherausschuss		VAA-Werksgruppe	
1 bis 499	35	(113)	87	(334)	41	(128)	46	(169)
500 bis 999	69	(113)	100	(173)	74	(117)	72	(116)
1.000 bis 4.999	86	(357)	100	(457)	91	(367)	91	(396)
5.000 bis 9.999	92	(187)	100	(230)	95	(203)	99	(223)
10.000 oder mehr	96	(209)	99	(230)	99	(208)	99	(228)

Quelle: Eigene Berechnungen; gewichtete Daten; Angaben in Prozent; Fallzahlen in Klammern

6.2 Verbandliche Interessenvertretung

Auf die Frage, ob und wie sich Führungskräfte organisieren sollten, haben die Befragten eine eindeutige Antwort: 90 Prozent sind der Meinung Arbeitnehmer in ihrer Position sollten sich »in Führungskräfteverbänden (wie dem VAA)«[40] organisieren. Es sei nochmals darauf verwiesen, dass der VAA als Organisation der Führungskräfte in der chemischen Industrie im Vergleich mit anderen Wirtschaftsbereichen eine Sonderstellung einnimmt. In kaum einer anderen Branche, insbesondere im produzierenden Gewerbe, vertritt eine Vereinigung von Fach- und Führungskräften einen vergleichbar hohen Anteil von Mitgliedern sowohl als Berufsverband als auch als interessenpolitisch aktive Gewerkschaft (vgl. Kapitel 3).

Die Zustimmung zu »ihrem« Verband ist unter den leitenden Angestellten nochmals etwas höher als unter den nicht-leitenden AT-Beschäftigten. Ein Grund dafür dürfte sein, dass der AT-Bereich, gemessen an seiner Bedeutung in der Chemieindustrie insgesamt, im VAA unterrepräsentiert ist. Der Anteil der leitenden Angestellten hat innerverbandlich nicht nur zahlenmäßig ein besonderes Gewicht sondern auch, weil sie oftmals in herausragenden Positionen in den Unternehmen tätig sind und so oftmals Vorgesetzte von im Verband organisierten nicht-leitenden AT-Beschäftigten sind. Insgesamt sind die Unterschiede in Bezug auf die Zustimmung zur Organisation von Führungskräften in einem speziellen Führungskräfteverband jedoch recht gering.

40 So das gleichlautende Item des Fragebogens.

Tabelle 17: Präferenzen Organisation von Führungskräften

Sind Sie der Meinung, Arbeitnehmer in Ihrer Position sollten sich verbandlich organisieren, damit ihre Interessen wirksam vertreten werden können? (Mehrfachnennungen möglich)	*AT*	*LA*	*Insgesamt*
Nein.	4	4	4 (58)
In Führungskräfteverbänden (wie dem VAA)	88	92	90 (1.381)
In anderen Gewerkschaften	9	4	6 (94)
In speziellen Berufsverbänden	20	17	18 (282)
In einem gesonderten Gremium innerhalb des Unternehmens	25	20	23 (345)

Quelle: Eigene Berechnungen; Angaben in Prozent; Fallzahlen in Klammern

Interessanter in Bezug auf diese Fragestellung ist das zwischen leitenden und nicht-leitenden AT-Angestellten differierende Antwortverhalten bei den Antwortoptionen »in anderen Gewerkschaften« und »in einem gesonderten Gremium«. In beiden Fällen wurden diese Angaben signifikant häufiger von nicht-leitenden Befragten des AT-Bereiches getätigt.

Ersteres kann möglicherweise als Anzeichen dafür interpretiert werden, dass diese AT-Angestellten noch vor nicht allzu langer Zeit in einer normalen Angestelltenposition tätig und eventuell auch beispielsweise in der IG BCE organisiert waren. Es könnte sich in dem erhöhten Anteilswert aber auch eine gewisse Unzufriedenheit mit dem VAA wiederspiegeln. Möglicherweise trägt die generell größere Nähe zum gewerblichen Bereich und die Wahrnehmung der dortigen Gewerkschaftsarbeit ebenfalls zu diesem Antwortverhalten bei (beispielsweise weil eine derartig ausgestaltete arbeitnehmerbezogene Interessenvertretung auf Interesse stößt). Mit knapp 9 Prozent der Nennungen ist ein solcher Wunsch nach stärkerer gewerkschaftlicher Vertretung aber auch bei den außertariflich Beschäftigten nur relativ gering ausgeprägt (vgl. Tabelle 17).

Sowohl von leitenden Angestellten als auch von den anderen AT-Beschäftigten wird demgegenüber deutlich häufiger eine führungskräftespezifische Organisation in Berufsverbänden präferiert. Neben dem VAA, der diese Funktion zum Teil auch erfüllt, sind weitere als Berufsverbände auftretende Verbände und Organisationen in der chemischen Industrie beispielsweise zu nennen: die Gesellschaft Deutscher Chemiker (GDCh), die Gesellschaft für Chemische Technik und Biotechnologie (DeChema) oder auch der Verein Deutscher Ingenieure (VDI). Von den knapp 1.600 befragten VAA-Mitgliedern gaben dabei mit 112 Personen immerhin sieben Prozent eine Doppelmitgliedschaft in VAA und GDCh an. Wie zu erwarten war, ist dieser Anteil mit circa 21 Prozent unter den Befragten Chemikern sogar noch deutlich höher. Diese recht häufig auftretenden Doppelmitgliedschaften sind unter anderem auch mit der engen Kooperation von VAA und GDCh zu erklären. So werben beide Verbände beispielsweise mit ermäßigten Mitgliedsbeiträgen für Studenten und Berufseinsteiger explizit für eine derartige Doppelmitgliedschaft.

In der Beantwortung der Frage nach den Organisationspräferenzen zeigt sich bei der Antwortoption »In einem gesonderten Gremium innerhalb des Unternehmens« ein weiterer wichtiger Unterschied zwischen leitenden und nicht-leitenden AT-Angestellten (vgl. Tabelle 17). Diese Antwortmöglichkeit betrifft im Gegensatz zu den anderen vorgegebenen Antworten die Unternehmensebene: Dass sich aber immerhin gut ein Viertel der befragten Fach- und Führungskräfte hier für ein eigenes Gremium auf der betrieblichen Ebene ausspricht, kann als deutlicher Gestaltungsauftrag an die betrieblichen Akteure verstanden werden. So kann vermutet werden, dass viele der eigentlich in den Zuständigkeitsbereich von Betriebsräten fallenden Führungskräfte sich auf der betrieblichen Ebene anscheinend noch nicht adäquat vertreten sehen. Ob diese Präferenz eher dem Wunsch nach einem Gremium abseits von Sprecherausschuss und Betriebsrat gilt oder die Befragten vielmehr zu einer Kompetenzausweitung des Sprecherausschusses tendieren, kann aufgrund dieser einzelnen Frage nicht entschieden werden – dieser Aspekt wird jedoch im folgenden Abschnitt in einem weiteren Zusammenhang wieder aufgegriffen.

6.3 Bewertung betrieblicher Mitbestimmung

Nachdem geschildert werden konnte, dass in der chemischen Industrie durchaus eine ausgeprägte betriebliche Interessenvertretungsstruktur existiert und diese auch von den Fach- und Führungskräften wahrgenommen wird (vgl. Kapitel 6.1), soll in diesem Kapitel untersucht werden, wie die Befragten die sich ihnen bietenden betrieblichen Mitbestimmungsmöglichkeiten beurteilen.

In der Bewertung der Gremien äußern jeweils 47 Prozent der Befragten ihre Zufriedenheit mit den Sprecherausschüssen und den VAA-Werksgruppen (vgl. Abbildung 18).

Abbildung 18: Zufriedenheit mit den Interessenvertretungsgremien

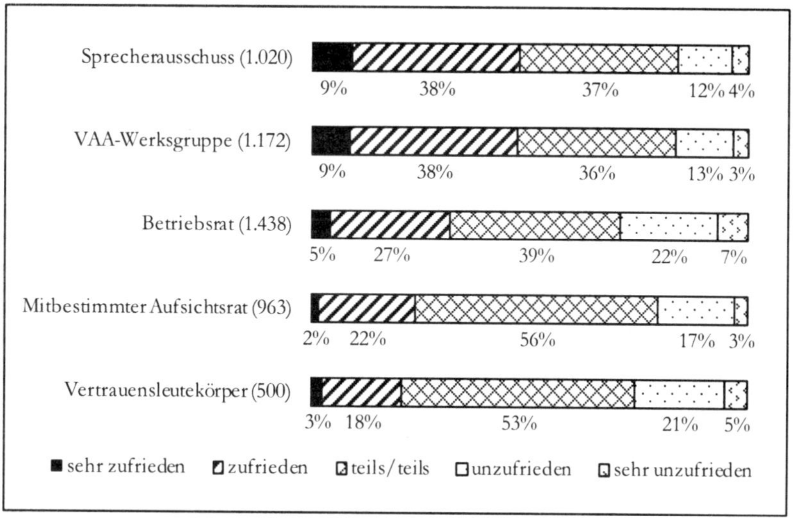

Quelle: Eigene Berechnungen; Fallzahlen in Klammern

Dabei ist jedoch zu konstatieren, dass eine volle Zufriedenheit (Antwortmöglichkeit »sehr zufrieden«) jeweils nur von circa 9 Prozent der befragten Führungskräfte angeben wurde. Sowohl mit den Sprecherausschüssen als auch mit den VAA-Werksgruppen sind dagegen 38 Prozent mit der Arbeit dieser betrieblichen Interessenvertretungsgremien zufrieden. Die im Vergleich zu den anderen Gremien hohe Zufriedenheit mit den Sprecherausschüssen ist dabei auch durch die Zusammensetzung der VAA-Mitgliedschaft begründet (vgl. Kapitel 3.3). Der überproportional hohe Anteil von leitenden Angestellten im VAA begünstigt die positive Einschätzung der Sprecherausschüsse maßgeblich (vgl. Abbildung 19): Diese geben dem Sprecherausschuss insgesamt eine durchschnittlich deutlich bessere Bewertung als die anderen AT-Angestellten. Während mit 56 Prozent über die Hälfte der leitenden Angestellten das Gremium Sprecherausschuss positiv beurteilt (also mit »sehr zufrieden« oder »zufrieden«), äußert nur ein Drittel der nicht-leitenden AT-Angestellten eine derart positive Einstellung.

Abbildung 19: Bewertung der Sprecherausschüsse nach Status

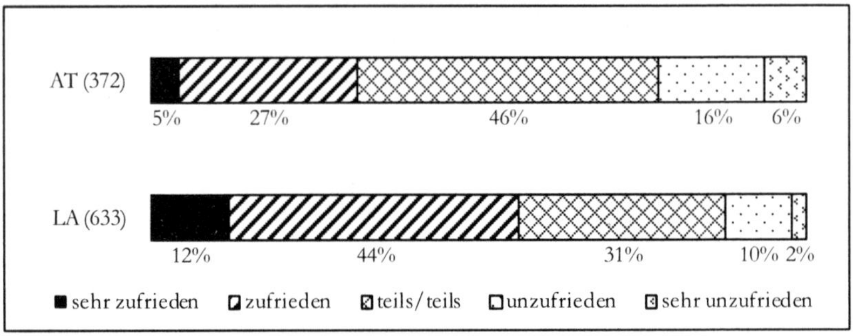

Quelle: Eigene Berechnungen, Fallzahlen in Klammern

Bei der Bewertung der Betriebsräte, Aufsichtsräte und Vertrauensleutekörper zeigt sich eine geringere Zufriedenheit. Mit den Betriebsräten ist rund jeder Dritte (32 Prozent) der Befragten zufrieden oder sehr zufrieden, mit den Aufsichtsräten und Vertrauensleutekörpern nur rund jeder Vierte (vgl. Abbildung 18).

Bei der Frage nach der Zufriedenheit mit der Betriebsratsarbeit sind die Antworten der Befragten differenziert: jeweils rund ein Drittel der Befragten ist mit der Arbeit dieses Gremiums zufrieden (32 Prozent), indifferent (39 Prozent) oder unzufrieden (29 Prozent). Dies deckt sich mit den Ergebnissen einiger, bereits in Kapitel 2 vorgestellter, qualitativer Studien, bei denen die Autoren zu folgenden Ergebnissen kamen: Führungskräfte beurteilen »die Institution Betriebsrat grundsätzlich positiv« (Kotthoff 1997: 141), zeigen selbst aber kein Interesse an einer Interessenvertretung durch dieses Gremium, worin Baethge ein »Wohlwollen auf Distanz« (Baethge 1995: 283) sieht. Kotthoff diagnostiziert darüber hinaus eine Dichotomie: In den von ihm untersuchten Betrieben, »in denen es keine Arbeiterbelegschaft und damit keinen von Arbeitern dominierten Betriebsrat« (Kotthoff 1997: 141f.) gab, wünschten sich die Führungskräfte durchaus die Vertretung durch dieses Gremium. Ansonsten würden Betriebsräte aber als Gremium für die Belange der Beschäftigten des tariflichen Bereiches gesehen und nicht als für AT-Angestellte oder gar leitende Angestellte relevant. Eine derartige Schlussfolgerung kann auch aus den Erkenntnissen der Nachfolgestudie Kotthoffs gezogen werden:

»Sie [die Führungskräfte; Anm. d. V.] schätzen ihn [den Betriebsrat; Anm. d. V.] als Vertretung der tariflichen Angestellten und als Verhandlungspartner in betrieblichen Mitbestimmungsfragen. Als Ansprechpartner für eigene Belange ziehen sie ihn jedoch selten in Betracht. Sie können sich aber vorstellen, den Betriebsrat im Extremfall, etwa bei Kündigung oder Mobbing, aufzusuchen.« (IG BCE 2007b: 3)

Zu einer ähnlichen Einschätzung kamen auch Faust et al.: Sie diagnostizierten ein durch die Reorganisationsmaßnahmen der Unternehmen wachsendes Interesse der Führungskräfte an betrieblicher Interessenvertretung. Gleichzeitig konstatierten sie aber, dass sich insbesondere die mittleren Führungskräfte von keinem der existierenden »offiziellen« Gremien vertreten fühlen (vgl. Faust et al. 2000: 423f.).

Die sich in diesen Forschungsergebnissen ausdrückende Spaltung der Beurteilung von Betriebsräten durch Fach- und Führungskräfte in eine positive Beurteilung für die Belegschaften einerseits sowie einer kritischeren Sichtweise der Betriebsratsarbeit bezogen auf die eigenen Belange andererseits, drückt sich auch in der vorgelegten Untersuchung aus – insbesondere wenn neben der Frage nach der Zufriedenheit (vgl. Abbildung 18) auch die Frage nach der Bedeutung mit in die Betrachtung einbezogen wird (vgl. Abbildung 20).

Abbildung 20: Bedeutung ausgewählter Gremien

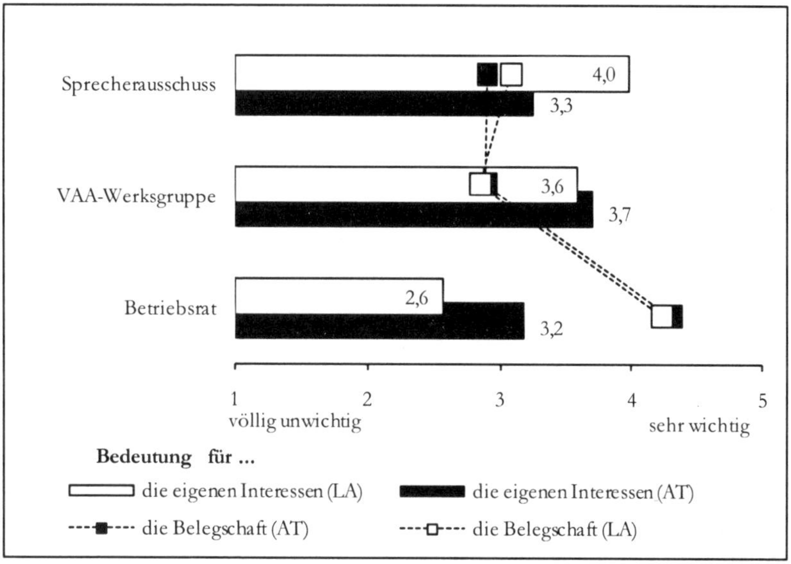

Quelle: Eigene Berechnungen; jeweils mindestens 431 Fälle

In Abbildung 20 ist insbesondere bei dem Gremium Betriebsrat eine große Differenz zwischen der zugeschriebenen Bedeutung für die eigene Person und derjenigen Bedeutung für die gesamte Belegschaft zu erkennen. Besonders deutlich fällt diese Differenz bei leitenden Angestellten aus, was damit erklärt werden kann, dass für sie die Betriebsräte – im Gegensatz zu den übrigen AT-Beschäftigten – nicht formal zuständig sind.

Überraschenderweise ist die »Lücke« zwischen der Bedeutung für die Belegschaft und für die eigene Person bei den nicht-leitenden AT-Beschäftigten relativ groß. Trotz formaler Zuständigkeit der Betriebsräte messen ihnen viele der Befragten des AT-Bereiches ohne leitende Funktionen keine große Bedeutung zu oder: nur rund 40 Prozent halten die Betriebsräte für wichtig beziehungsweise sehr wichtig. Dies kann zum einen bedeuten, dass diese Fach- und Führungskräfte unzufrieden mit der Vertretungsarbeit der Betriebsräte für AT-Beschäftigte sind. Zum Anderen kann dies ein Anzeichen dafür sein, dass sie für sich selbst gar nicht das Bedürfnis sehen, vom Betriebsrat vertreten zu werden. Anders als für die eigenen Belange erachten sie die Einrichtung der Betriebsräte für die Gesamtbelegschaften jedoch für sinnvoll. Diese Unterscheidung zeigt sehr deutlich, dass die nicht-leitenden AT-Beschäftigten sich selbst sehr wohl als eine Gruppe mit einem besonderen Status in den Unternehmen sehen.

Diese Beobachtungen decken sich mit den eigenen Einschätzungen der Befragten: der Aussage »AT-Angestellte und Tarifangestellte haben weitgehend dieselben Interessen« wurde nur von jeweils 17 Prozent der nicht-leitenden AT-Angestellten zugestimmt; fast die Hälfte der Befragten sah die Aussage als nicht zutreffend oder gar nicht zutreffend an. Auch bei dem Statement »Leitende Angestellte und AT-Angestellte haben weitgehend dieselben Interessen« zeigen sich Unterschiede: die leitenden Angestellten stimmten dieser Aussage deutlich häufiger zu (50 Prozent »trifft zu« oder »trifft voll zu«) als diejenigen Fach- und Führungskräfte ohne leitende Funktionen (40 Prozent »trifft zu« oder »trifft voll zu«). Unter den AT-Beschäftigten scheint es demnach die verbreitete Ansicht zu geben, dass man sich von den eigenen Interessenlagen weder mit den leitenden Angestellten noch mit dem Tarifbereich identifizieren kann, – offen bleibt dabei aber zunächst, ob die Führungskräfte diese Sonderstellung aus sich und ihren Aufgaben im Betrieb begründet sehen oder ob sie sich von anderen Gruppen im Betrieb in diese Rolle gedrängt sehen.

Bei den Gremien Sprecherausschuss und VAA-Werksgruppe fällt die Differenz dagegen in die anderer Richtung aus: Hier wird jeweils die Bedeutung der Gremien für die eigene Person höher bewertet als für die gesamte Belegschaft: Über 60 Prozent der Befragten bewerten diese als wichtig beziehungsweise sehr wichtig. Und hier beurteilen selbst die nicht-leitenden AT-Angestellten, die formal nicht in den Zuständigkeitsbereich der Sprecherausschüsse fallen, deren Bedeutung für sich selbst bedeutender als für die Gesamtbelegschaft. Für die eigene Interessenvertretung erachten die nicht-leitenden AT-Beschäftigten jedoch die VAA-Werksgruppen als das bedeutendste betriebliche Gremium. Während für die leitenden Angestellten die Sprecherausschüsse noch etwas mehr Bedeutung besitzen, geben die nicht-leitenden AT-Angestellten an, dass keines der gesetzlichen Mitbestimmungsgremien eine so hohe Bedeutung für ihre Interessenvertretung besitzt wie der Zusammenschluss der VAA-Verbandsmitglieder.

Auch wenn man den schon in Kapitel 3.3 beschriebenen »Verbands-Bias« und die insgesamt recht geringen Durchschnittswertunterschiede (vgl. Abbildung 20) berücksichtigen muss, ist dieses Ergebnis einigermaßen überraschend, denn anscheinend wird in dem betrieblichen Verbandszusammenschluss eine Alternative zu den nach eigener Auffassung nur teilweise bedeutsamen gesetzlich verankerten Mitbestimmungsgremien gesehen. Jedoch sollte bedacht werden, dass der VAA in einigen Unternehmen über eigene Listen in den Betriebsräten vertreten ist. In diesen Fällen können die Befragten sich in Vertretungs- und Mitbestimmungsfragen an die Werksgruppe wenden, deren Vertreter im Betriebsrat diese Anliegen dann dort einbringen können. In derartigen Fällen würden somit auch die gesetzlich vorgesehenen Mitbestimmungsgremien für die betroffenen Fach- und Führungskräfte eine gewisse Relevanz besitzen – unabhängig davon, ob sich die Befragten dessen letztlich bewusst sind oder nicht. Abseits der geschilderten Binnendifferenzierungen kann festgehalten werden, dass die Fach- und Führungskräfte sehr genau zwischen der Bewertung der Interessenvertretungsarbeit für die eigene Personen sowie für alle Beschäftigten insgesamt unterscheiden.

Die vier Arbeitsorientierungen unterscheiden sich bei der Beurteilung der Arbeit der Interessenvertretungsgremien im Unternehmen so, dass die Befragten mit den Arbeitsorientierungen »Organisation« und »Netzwerk« jeweils zufriedener mit den Gremien sind als insbesondere die marktorientierten Befragten (vgl. Abbildung 21).

Abbildung 21: Abweichungen von der durchschnittlichen Zufriedenheit mit den Interessenvertretungsgremien nach Arbeitsorientierungen

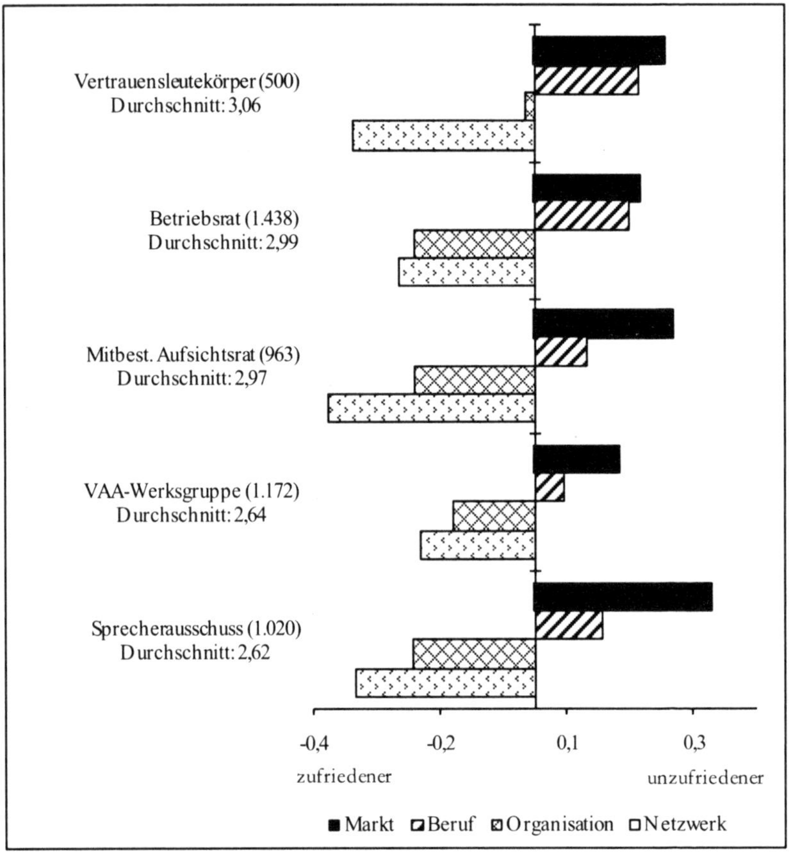

Quelle: Eigene Berechnungen; Fallzahlen in Klammern

Die Beurteilung der Bedeutung für die gesamte Belegschaft verläuft dabei zwischen den verschiedenen Arbeitsorientierungstypen sehr ähnlich. Für die Einschätzung der Bedeutung für die eigenen Interessen ist jedoch insbesondere bei dem Gremium Sprechausschuss festzustellen, dass dieses Vertretungsorgan von den marktorientierten Befragten etwas weniger bedeutend angesehen wird als von denjenigen Befragten, deren Arbeitsorientierung durch den starken Bezug auf das soziale Netzwerk gekennzeichnet ist.

Unterschiede zwischen den Arbeitsorientierungen deuten sich bei der Einschätzung von verschiedenen Aussagen zur Partizipation an (vgl. Abbildung 22). Dabei ist jedoch auch hier zunächst festzustellen, dass die Bewertung einiger Aussagen[41] von den Befragten aller Arbeitsorientierungen relativ ähnlich ausfällt. Dies betrifft vor allem die Aussagen zur Arbeit des Betriebsrats: Eine relativ große Ablehnung erfuhren einheitlich die Aussagen, dass sich der Betriebsrat auch für die nicht-leitenden AT-Angestellten einsetzt und dass die Interessenvertretung durch den Betriebsrat den Vorstellungen der Befragten entspricht.

Bei den Aussagen in Bezug auf den Sprecherausschuss zeigen sich dagegen unterschiedliche Bewertungen zwischen den Arbeitsorientierungen. Beispielsweise wurde von Befragten mit den Arbeitsorientierungen »Organisation« und »Netzwerk« der Aussage, dass die Interessenvertretung des Sprecherausschusses den eigenen Vorstellung entspricht, häufiger zugestimmt als von denen mit marktlicher Arbeitsorientierung. Diese Tendenz setzt sich auch bei den Aussagen »Der Sprecherausschuss setzt sich auch für die Interessen der AT-Angestellten ohne Leitungsfunktion ein« sowie »Der Sprecherausschuss setzt sich für die Interessen der leitenden Angestellten ein« fort. Die jeweils größten Unterschiede bestehen dabei zwischen den marktlich und am sozialen Netzwerk orientierten Befragten, wobei die Marktorientierten jeweils die geringsten Zustimmungswerte aufweisen. Einschränkend muss jedoch angemerkt werden, dass diese im direkten Vergleich niedrigeren Zustimmungswerte immer noch höher sind als die durchschnittliche Zustimmung zu den Aussagen in Bezug auf die Vertretungstätigkeit des Betriebsrats.

Dies zeigt zweierlei: Zum einen fühlen sich die Marktorientierten (wie auch die anderen Fach- und Führungskräfte) nicht vom Betriebsrat vertreten. Zum anderen sehen sie sich aber auch nicht so gut durch den Sprecherausschuss vertreten wie die übrigen Befragten. Angesichts dieser Feststellung überrascht es nicht, dass der Aussage »Ich kann meine Interessen am besten selbst vertreten« von Marktorientierten überdurchschnittlich häufig zugestimmt wurde.

41 Diese sind unter anderem die Aussagen »Die Interessenvertretung durch den Betriebsrat entspricht meinen eigenen Vorstellungen« sowie »Der Betriebsrat setzt sich für die Interessen der AT-Angestellten ein«.

Abbildung 22: Bewertung von Aussagen zur Partizipation

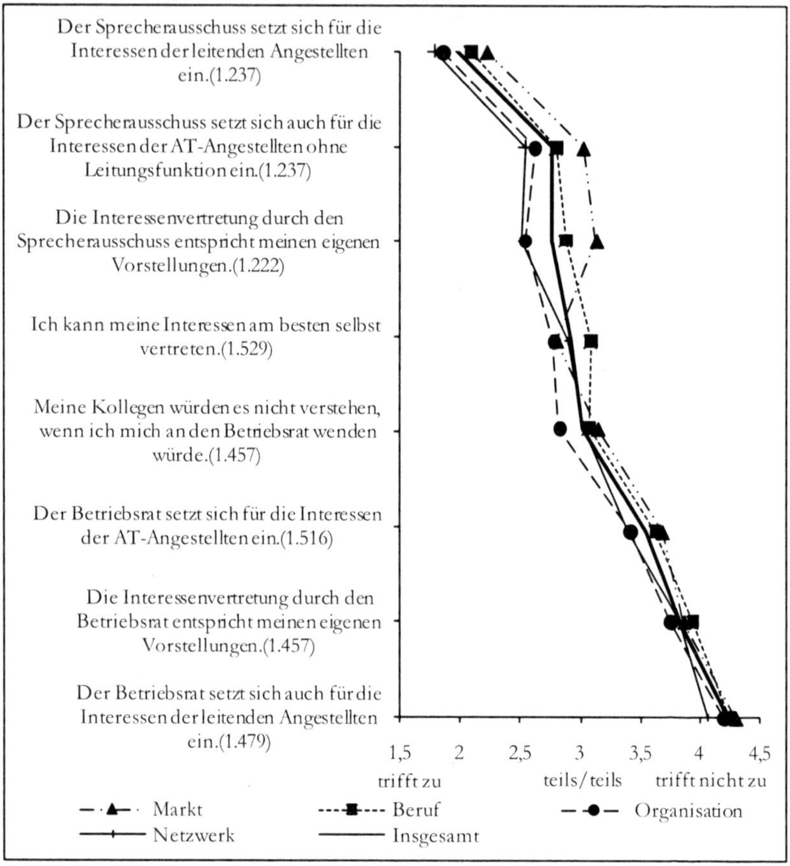

Quelle: Eigene Berechnungen; Fallzahlen in Klammern

Geringfügig höher war die Zustimmung zu dieser Aussage nur in der Gruppe mit der Arbeitsorientierung »Organisation«, was auch durch die Positionen der in dieser Gruppe vertretenen Personen zu erklären ist (vgl. Kapitel 5.4 sowie 5.5). Für die Befragten mit marktlicher Arbeitsorientierung besitzt die Interessenvertretung in eigener Person eine besondere Bedeutung. Dies ist der einzige der abgefragten Aspekte, dem die Marktorientierten überdurchschnittlich oft zustimmten. Dennoch sind sie nicht immer auch zufriedener mit ihren persönlichen Einflussmöglichkeiten, dies zeigen beispielsweise die Daten zu den persönlichen Beteiligungsmöglichkeiten an verschiedenen Unternehmensentscheidungen: Die Beteiligungsmöglichkeiten an strategischen Unternehmensentscheidungen werden deutlich schlechter bewertet als die Beteiligungsmöglichkeiten an operativen Unternehmensentscheidungen.

Abbildung 23: Bewertung individueller Mitsprachemöglichkeiten nach Arbeitsorientierungen

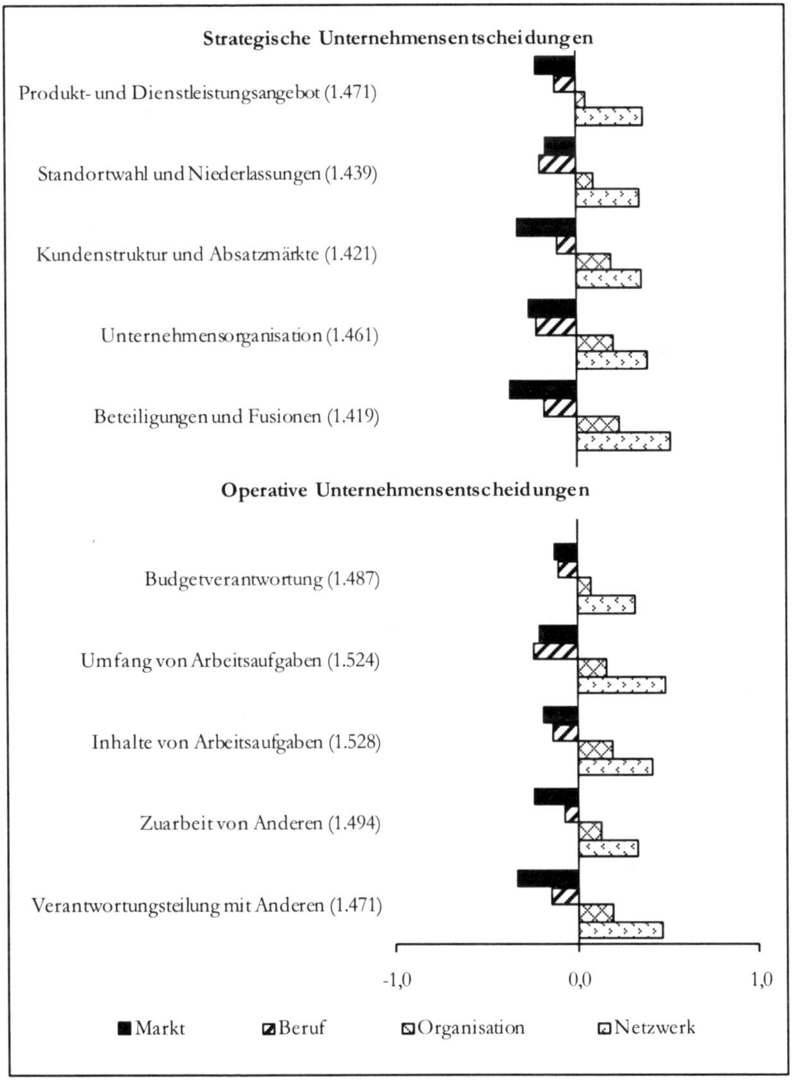

Quelle: Eigene Berechnungen; Fallzahlen für alle Arbeitsorientierungen in Klammern; Abweichungen von der durchschnittlichen Bewertung (1 sehr zufrieden, 5 sehr unzufrieden)

Darüber hinaus bestehen hier nach Arbeitsorientierung verschiedene Bewertungsmuster (vgl. Abbildung 23). So bewerteten die organisations- und netzwerkorientierten Fach- und Führungskräfte ihre persönliche Entscheidungsbeteiligung sowohl an den operativen wie auch an den strategischen Unternehmensentscheidungen jeweils durchschnittlich positiver. Dagegen sahen insbesondere die Marktorientierten ihre persönliche Entscheidungsbeteiligung im Durschnitt meist am kritischsten. Auffällig ist weiterhin, dass die Netzwerkorientierten bei allen Aspekten die durchschnittlich positivsten Bewertungen abgaben. Dies betraf sowohl die operativen, wie auch die strategischen Unternehmensentscheidungen. Angesichts der zumeist höheren Positionen der Netzwerk- und Organisationsorientierten ist die bessere Bewertung der Entscheidungsbeteiligung an strategischen Unternehmensbeschlüssen zunächst eingängig. In Anbetracht des Befundes, dass für alle Fach- und Führungskräfte das selbstständige Arbeiten einen hohen Stellenwert einnimmt (vgl. Abbildung 5), ist die unterdurchschnittliche Bewertung der operativen Entscheidungsbeteiligung durch die Markt- und Berufsorientierten jedoch zumindest erwähnenswert.

Es besteht auch ein Zusammenhang zwischen der Beurteilung der wirtschaftlichen Lage des eigenen Unternehmens und der Einschätzung der Arbeit der Interessenvertretungsgremien. Wenn die wirtschaftliche Lage gut ist, dann sind die befragten Führungskräfte zufriedener mit den Gremien. Lediglich die Beurteilung der VAA-Werksgruppen und Sprecherausschüsse bleibt unabhängig von der wirtschaftlichen Lage relativ einheitlich (vgl. Abbildung 24).

Diese Erkenntnis wird bei einer näheren Betrachtung der bivariaten Korrelationen zwischen den beiden Variablen (wirtschaftliche Lage, Bewertung der Arbeit der Gremien) bestätigt. Während sich der Zusammenhang bei der Bewertung von Vertrauensleuten, Betriebsräten und mitbestimmten Aufsichtsräten als signifikant erweist, hat die wirtschaftliche Lage keinen Einfluss auf die Bewertung der Werksgruppen und Sprecherausschüsse[42].

42 Die Korrelationskoeffizienten (Spearman-Rangkorrellationskoeffizienten) der Variablen »wirtschaftliche Lage« und der Bewertung der jeweiligen Gremien liegen bei: Vertrauensleuten=0,096; Betriebsräten=0,82; Aufsichtsräten=0,177; Werksgruppen=0,041 und Sprecherausschüssen=0,043. Bei einem Signifikanzniveau von 5 Prozent (einseitig) sind die Zusammenhänge bei Werksgruppen und Sprecherausschüssen nicht signifikant.

Abbildung 24: Bewertung der Gremien nach wirtschaftlicher Lage[43]

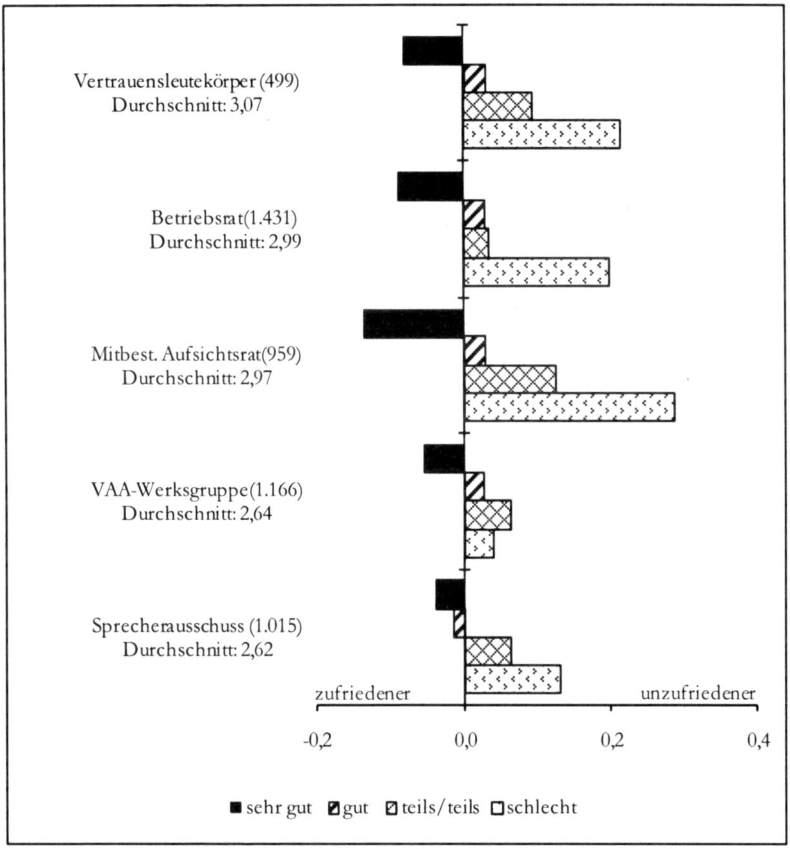

Quelle: Eigene Berechnungen; Abweichungen vom Mittelwert (1 sehr zufrieden, 5 sehr unzufrieden) für das jeweilige Gremium in Abhängigkeit von der Bewertung der wirtschaftlichen Lage; Positive Werte stehen für eine geringere Zufriedenheit im Vergleich zum Durchschnitt, negative für eine größere Zufriedenheit

Dies stärkt den Eindruck, dass sich die Angestellten in der Sphäre zwischen dem Topmanagement und den Belegschaften nur dann kritischer mit der Arbeit von Betriebsräten und Vertrauensleuten auseinandersetzen, wenn sich das Unternehmen in einer schlechten wirtschaftlichen Situation befindet und mitunter schmerzliche Einschnitte auch für die Belegschaft (und/oder Führungskräfte) notwendig werden. Des Weiteren sind dies die

43 Die Daten derjenigen, in deren die wirtschaftliche Lage des Unternehmens »sehr schlecht« war, wurden aufgrund zu geringer Fallzahlen in dieser Darstellung nicht berücksichtigt, flossen aber in die Berechnung der jeweiligen Durchschnittswerte mit ein.

Situationen, in denen die genannten Gremien mitunter unpopuläre Maßnahmen entweder kritisieren oder mittragen.

Werksgruppen und Sprecherausschüsse sind von dieser Problematik nicht in gleichem Maße betroffen: Zum einen sind sie nicht gezwungen, derartige Maßnahmen offiziell mitzutragen (Sprecherausschüsse sind zum großen Teil nur mit Anhörungsrechten ausgestattet; vgl. Kapitel 3), zum anderen vertreten sie nicht die Interessen der gesamten Belegschaft, sondern nur die spezifischen Anliegen von Führungskräften.

Berücksichtigt man ferner, dass auch zwischen der Arbeitsorientierung und der Bewertung der wirtschaftlichen Lage Korrelationen bestehen, so wird ersichtlich, dass die Angabe einer guten wirtschaftliche Lage häufiger bei den Arbeitsorientierungen »Organisation« und »Netzwerk« auftreten (vgl. dazu auch Kapitel 5.3). Die Fach- und Führungskräfte in niedrigeren Positionen sehen ihre Unternehmen dagegen durchschnittlich ein einer schlechteren wirtschaftlichen Lage und sehen sich gleichzeitig von den vorhandenen kollektiven Interessenvertretungsgremien nicht adäquat vertreten.

In vielen freien Antworten der Befragten[44], beispielsweise bei der Frage nach den Hauptproblemen beim alltäglichen Aushandeln von Interessen, gaben die Führungskräfte zudem an, dass diese Probleme im Unternehmen vornehmlich aufgrund ausländischer Konzerngesellschaften oder Unternehmenszentralen (meist aus den USA) bestünden. Dabei wurde oftmals kritisiert, dass kulturelle Unterschiede und eine andere Auffassung von Mitarbeiterpartizipation zu Spannungen führen würden. Weniger scheint in diesen Fällen also das deutsche Mitbestimmungssystem durch zu geringe Berücksichtigung der Interessen von leitenden und nicht-leitenden AT-Angestellten das zentrale Problem zu sein, als dass vielmehr die Nicht-Anwendung dieses Systems zu einer Unzufriedenheit der hochqualifizierten und leitenden Angestellten führt.

44 Den Befragten wurde an mehreren Stellen des Fragebogens die Möglichkeit zu freien Textaussagen gegeben.

6.4 Bestimmungsgründe der Zufriedenheit mit dem Sprecherausschuss

Um die in den deskriptiven Analysen beschriebenen Zusammenhänge zu überprüfen, werden im Folgenden die Ergebnisse logistischer Regressionsanalysen zur Zufriedenheit mit der Arbeit des Sprecherausschusses beziehungsweise des Betriebsrats vorgestellt. Der Analyse wurde dabei das nachfolgende Regressionsmodel zu Grunde gelegt:

›Zufriedenheit mit dem Sprecherausschuss‹ ~ Arbeitsorientierung + Einkommen + Status + Alter[45] *+ Position + »Zufriedenheit mit Vergabe der Bonusleistungen« + »Bewertung direktes Gespräch mit Vorgesetzen« + Geschlecht + Promotion + »wirtschaftliche Lage im Befragungsjahr« + »Entlassungen im größerem Umfang«*

Zur Schätzung des Modells liegen Angaben von 730 Befragten vor, der Antwortausfall wird insbesondere durch die abhängige Variable generiert, da alleine hier 575 Antworten fehlen. Für die Variablen, die sich auf die Einschätzungsfragen zur wirtschaftlichen Lage und der Bewertung der Verhandlungen mit dem direkten Vorgesetzten beziehen, wurde die Fünfer-Skala auf eine Dreier-Skala reduziert, wobei die Mittelkategorie »teils/teils« erhalten blieb. Das Alter der Befragten geht in Form eines kubischen Splines mit drei Freiheitsgraden in die Analyse ein, um eine bessere Modellanpassung zu erreichen (vgl. Hastie 1992; sowie Ruppert et al. 2003: 71f.).

Die Güte des Modells ist mit einem Pseudo-R (Nagelkerke) von 0,245 als und einem AUC_{Total} von 0,72 als recht gut einzuschätzen. Die Signifikanzprüfung der einzelnen Parameter erfolgt sowohl mittels der Wald-Statistik als auch durch einen Likelihood-Quotienten-Test (Likelihood-Ratio Test), wobei letzterer als sensibler anzusehen ist. Es zeigt sich, dass der Einfluss von Arbeitsorientierungen und des Status des leitenden Angestellten hoch signifikant sind (vgl. Tabelle 18). Weiterhin sind Einkommen und die »Zufriedenheit mit der Art der Vergabe von Bonusleistungen« signifikante Einflussfaktoren.

45 Natürlicher kubischer Spline mit drei Freiheitsgraden (vgl. Hastie 1992; sowie Ruppert et al. 2003: 71f.).

Tabelle 18: Likelihood-Ratio Test »Zufriedenheit mit dem Sprecherausschuss«

	LR Chisq	Df	Pr(>Chisq)	
Arbeitsorientierung	34,240	8	0,037	***
Einkommen	21,671	8	0.006	**
LA-Status	23,359	2	0,008	***
Alter	7,286	6	0,295	
Position	11,738	8	0,163	
Zufrieden mit Vergabe der Bonusleistungen	9,452	2	0,009	**
Bewertung Verhandlungen mit dem direkten Vorgesetzen	9,147	4	0,058	
Geschlecht	1,022	2	0,600	
Promotion	1,406	2	0,495	
Wirtschaftliche Lage im Befragungsjahr	6,083	4	0,193	
Entlassungen im größerem Umfang	12,681	2	0,001	**

*Quelle: Eigene Berechnungen; Signifikanzniveau : *** 0,001, ** 0,01, * 0,05*

In Tabelle 19 finden sich die Regressionskoeffizienten für die Zufriedenheit (363 Fälle) beziehungsweise Unzufriedenheit (111 Fälle) mit dem Sprecherausschuss. Die Basiskategorie ist jeweils eine indifferente Haltung (»teils/teils«, 256 Fälle).

Der Einfluss der Arbeitsorientierungen auf die Bewertung der Gremien durch die Befragten zeigt sich insbesondere bei den am sozialen Netzwerk orientierten Befragten: Für diese Gruppe ist die Wahrscheinlichkeit zufrieden mit dem Sprecherausschuss zu sein im Vergleich zu den Marktorientierten deutlich größer. Etwas weniger deutlich zeigt sich dieser Zusammenhang auch bei den Organisationsorientierten mit einem Effektkoeffizienten von 2,26. Der Status des leitenden Angestellten erhöht im Vergleich zu den anderen AT-Angestellten ebenfalls die Wahrscheinlichkeit zufrieden mit der Arbeit des Sprecherausschusses zu sein. Dies bestätigt auch die deskriptive Darstellung in Abbildung 19. Einen leichten positiven Effekt weist die »Zufriedenheit mit der Art der Vergabe von Bonusleistungen« auf: Es scheint, als ob sich eine allgemeine »Zufriedenheit« auch auf den Sprecherausschuss überträgt. Diese Vermutung stützt ein ähnlicher Zusammenhang bei der Zufriedenheit mit dem Einbringen der eigenen Interessen durch Gespräche mit dem Vorgesetzten. Auffällig ist des Weiteren die deutlich größere Zufriedenheit mit dem Sprecherausschuss im Falle einer als schlecht beurteilten wirtschaftlichen Lage – die Wahrscheinlichkeit zufrieden zu sein ist für Befragte dieser Gruppe größer als für Befragte mit mittlerer oder guter Einschätzung der wirtschaftlichen Lage.

Tabelle 19: Logistische Regression zur Zufriedenheit mit dem Sprecherausschuss

Effekt	*Unzufrieden*		*Zufrieden*	
	exp(B)	*Wald*	*exp(B)*	*Wald*
(Intercept)	0,25	1,211	0,39	1,044
Arbeitsorientierung (Basis: Markt)				
Beruf	0,65	1,458	1,26	0,549
unklassifiziert	0,49	3,831 *	0,94	0,041
Organisation	0,83	0,214	2,26	6,588 **
Netzwerk	0,74	0,439	3,36	13,071 ***
Einkommen (Basis: unter 60T)				
60.000-80.000	0,67	0,376	0,68	0,511
80.001-100.000	0,58	0,602	0,57	0,951
100.001-120.000	1,53	0,333	0,55	0,974
>120.000	1,70	0,436	1,34	0,212
LA-Status	0,59	2,582	2,44	13,237 ***
Alter				
(1)	0,44	1,546	0,75	0,335
(2)	15,21	1,699	1,69	0,105
(3[46])	1,75	0,618	1,62	0,856
Position (Basis: Geschäftsführung)				
mittleres Management	1,32	0,176	1,86	2,284
unteres Management	0,95	0,005	2,95	5,425 *
Fachposition mit FA	1,34	0,167	2,14	2,743
Fachposition ohne FA	2,08	1,023	2,34	3,084
Zufriedenheit mit Vergabe der Bonusleistungen	0,66	2,505	1,45	3,445
Bewertung direktes Gespräch mit Vorgesetzten (Basis: zufrieden)				
teils/teils	1,43	1,565	0,70	2,726
unzufrieden	0,98	0,004	0,60	3,484
Geschlecht: männlich	0,91	0,063	0,74	0,994
Promotion	0,81	0,627	0,80	1,244
wirtschaftliche Lage im Befragungsjahr (Basis: zufrieden)				
teils/teils	1,27	0,394	1,49	1,867
schlecht	1,65	1,272	2,18	4,647 *
Entlassungen im größeren Umfang	2,00	6,684 **	0,75	1,645
Pseudo-R (Nagelkerke)	0,245			
AIC	1.362			
N	730			

*Quelle: Eigene Berechnungen; Multinominale logistische Regression; Basiskategorie: »teils/teils«; Signifikanzniveau: *** 0,001, ** 0,01, * 0,05*

46 Die direkte Interpretation der Koeffizienten ist aufgrund der Modellierung als Spline nur schwer möglich, daher wird stattdessen der Einfluss der Variable auf die geschätzten Werte betrachtet (vgl. Fahrmeir et al. 2007: 299).

Betrachtet man anhand des Models die Zufriedenheit mit dem Sprecherausschuss in Zusammenhang mit dem Alter (vgl. Abbildung 25), so lässt sich zum einen gut erkennen, dass die Wahrscheinlichkeit für die Zufriedenheit bei einem Alter von circa 55 Jahren deutlich ansteigt und zum anderen zeigen sich deutliche Differenzen zwischen den unterschiedlichen Arbeitsorientierungen.

Abbildung 25: Wahrscheinlichkeit für eine positive Beurteilung des Sprecherausschusses

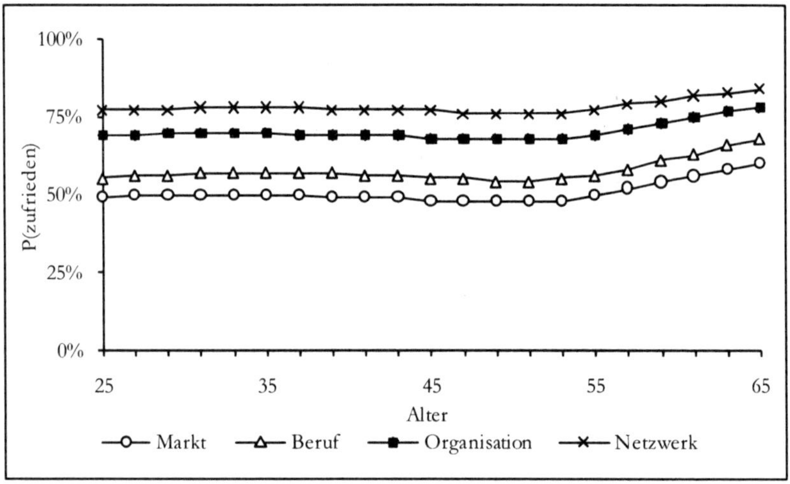

Quelle: Eigene Berechnungen; Bezugsgruppe: männliche leitende Angestellte im mittleren Management, Einkommen 80.001-100.000, positive Einschätzung der wirtschaftlichen Lage, zufrieden mit Verhandlungen mit dem direkten Vorgesetzten und der Vergabe von Bonusleistungen

Die Kurvenverläufe sind bei allen Arbeitsorientierungen recht ähnlich, Unterschiede lassen sich jedoch im Niveau feststellen. Dabei ist eine deutliche Zweiteilung erkennbar: die Wahrscheinlichkeiten für die Arbeitsorientierungen Netzwerk und Organisation sind über alle Altersstufen höher als die für eine Berufs- oder Marktorientierung.

Bei der Betrachtung der Wahrscheinlichkeit, mit dem Sprecherausschuss unzufrieden zu sein, zeigt sich dagegen ein etwas anderer Verlauf. Die Wahrscheinlichkeit steigt bis zu einem Alter von 40 Jahren stark an und sinkt dann wieder bis zu einem Alter von 55 Jahren – für noch Ältere steigt die Wahrscheinlichkeit dann wiederum an. Der Einfluss der Arbeitsorientierungen zeigt sich hier spiegelverkehrt. Die deutlich größte Wahrscheinlichkeit wird für die marktorientierten Führungskräfte geschätzt, wobei der Anstieg in den mittleren Altersstufen noch einmal deutlich stärker ausfällt. Im Alter scheint demnach eine leichte Polarisierung stattzufinden: der Anteil derjenigen die sich indifferent gegenüber dem Sprecherausschuss äußern nimmt im höheren Alter ab.

Abbildung 26: Wahrscheinlichkeit für Unzufriedenheit mit dem Sprecherausschusses

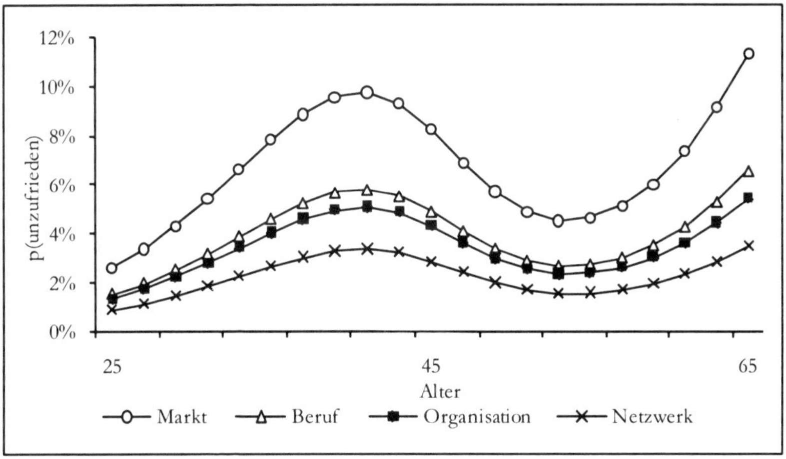

Quelle: Eigene Berechnungen; Bezugsgruppe: männliche leitende Angestellte im mittleren Management, Einkommen 80.001-100.000, positive Einschätzung der wirtschaftlichen Lage, zufrieden mit Verhandlungen mit dem direkten Vorgesetzten und der Vergabe von Bonusleistungen

6.5 Bestimmungsgründe der Zufriedenheit mit dem Betriebsrat

Auch die deskriptiven Analysen in Bezug auf die Zufriedenheit mit dem Gremium Betriebsrat wurden mit einer logistischen Regressionsanalyse auf ihre Stichhaltigkeit hin überprüft. Wie später noch gezeigt werden kann, können die vorgenommenen Regressionen das Verständnis der sich bereits in den deskriptiven Analysen andeutenden Zusammenhängen sinnvoll ergänzen. Das Regressionsmodell zur Bewertung der Betriebsräte lautet – analog zum bereits vorgestellten Modell für die Bewertung der Sprecherausschüsse – wie folgt:

›Zufriedenheit mit dem Betriebsrat‹ ~ Arbeitsorientierungen + Einkommen + Status + Alter[47] *+ Position + Geschlecht + »Bewertung direktes Gespräch mit Vorgesetzen« + Promotion + »wirtschaftliche Lage im Befragungsjahr« + »Entlassungen im größeren Umfang« + Standortgröße + Existenz weiterer Gremien*

Zur Berechnung des Modells konnten insgesamt die Aussagen von 1.008 befragten Führungskräften verwendet werden. Die logistische Regression zur Zufriedenheit mit den Betriebsräten stützt sich somit auf mehr Aussagen als diejenige zur Bewertung der Sprecherausschüsse. Die größere Fallzahl kann dabei im Wesentlichen auf die größere Verbreitung der Betriebsräte sowie den Umstand, dass viele der AT-Angestellten keine Bewertung der Sprecherausschüsse, jedoch viele der leitenden Angestellten eine Bewertung der Betriebsräte abgaben, zurückgeführt werden. Wie auch im zuvor vorgestellten Regressionsmodell für die Zufriedenheit mit den Sprecherausschüssen, wurden die Variablen, die sich auf die Einschätzung der wirtschaftlichen Lage der Unternehmen im Befragungsjahr sowie die Bewertung der direkten Gespräche mit dem Vorgesetzten beziehen, von der ursprünglichen Skalierung in fünf Bewertungsschritte in eine Dreier-Skala transformiert. Dabei wurde, wie auch bei der Sprecherausschuss-Regression, die Mittelkategorie (»teils/teils«) erhalten. Die beiden positiven Kategorien sowie auch die beiden negierenden Bewertungsmöglichkeiten wurden jeweils in einer Kategorie zusammengefasst.

Die Güte des Regressionsmodells zur Zufriedenheit mit dem Betriebsrat fällt mit einem Pseudo-R (Nagelkerke) von 0,197 geringfügig schlechter aus als die der zuvor vorgestellten Regression zur Sprecherausschuss-Zufriedenheit. Die Signifikanzüberprüfung für die einzelnen Parameter der Regression erfolgte wiederum mittels Likelihood-Quotienten-Tests (Likelihood-Ratio-Test) wie auch mittels der Wald-Statistik. Als besonders einflussreich erwies sich hierbei die Variable »Zufriedenheit mit der Vergabe von Bonusleistungen« (vgl. Tabelle 21).

47 Natürlicher kubischer Spline mit drei Freiheitsgraden zur Glättung der Altersvariable (vgl. Hastie 1992; sowie Ruppert et al. 2003: 71f.).

Tabelle 20: Logistische Regression zur Zufriedenheit mit dem Betriebsrat

Effekt	*Unzufrieden*		*Zufrieden*	
	exp(B)	*Wald*	*exp(B)*	*Wald*
(Intercept)	1,830	0,58	1,250	0,08
Arbeitsorientierung (Basis: Markt)				
Beruf	0,770	0,92	0,850	0,33
unklassifiziert	0,760	0,98	0,850	0,31
Organisation	0,470	6,71 **	0,810	0,54
Netzwerk	0,530	4,10	1,290	0,75
Einkommen (Basis: unter 60.000)				
60.001-80.000	0,970	0,01	1,750	1,72
80.001-100.000	0,750	0,51	1,670	1,26
100.001-120.000	1,120	0,07	2,190	2,57
über 120.000	0,850	0,10	2,890	4,17 *
Leitende Angestellte	0,680	2,76	0,540	7,18 **
Alter				
26 – 41 Jahre	0,430	3,03	1,470	0,71
42 – 51 Jahre	0,650	0,09	0,620	0,10
52 – 65 Jahre	0,530	0,95	0,960	0,00
Position (Basis: Geschäftsführung)				
mittleres Management	0,950	0,01	0,900	0,09
unteres Management	0,630	0,97	1,210	0,23
Fachposition mit FA	0,700	0,62	0,760	0,51
Fachposition ohne FA	0,770	0,31	0,980	0,00
Bewertung Gespräch mit Vorgesetzten (Basis: zufrieden)				
teils/teils	1,430	3,14	0,600	6,12 *
unzufrieden	1,670	4,22 *	1,060	0,06
Geschlecht: männlich	0,830	0,56	0,890	0,21
Promotion	0,760	2,16	0,700	4,06
wirtschaftliche Lage (Befragungsjahr, Basis: gut)				
teils/teils	0,960	0,02	0,940	0,06
schlecht	2,060	5,04 *	1,100	0,07
Entlassungen im größeren Umfang	0,940	0,10	0,720	2,46
Standortgröße				
1 – 1.300	4,920	4,01 *	1,450	0,24
1.301 – 6.000	1,900	0,95	0,550	1,02
6.001 – 50.000	0,320	1,60	0,370	1,45
Weitere Gremien				
VAA-Werksgruppe	0,920	0,049	1,060	0,023
Sprecherausschuss	1,040	0,009	0,600	1,052
Interaktionseffekt	0,980	0,001	1,830	1,049
*Pseudo-*R *(Nagelkerke)*	0,197			
AIC	2.192			
N	1.008			

*Quelle: Eigene Berechnungen; Multinominale logistische Regression; Basiskategorie: teils/teils, Signifikanzniveau: *** 0,001, ** 0,01, * 0,05*

Wie schon beim Sprecherausschuss ist festzustellen, dass diejenigen Führungskräfte mit Netzwerkorientierung die größte Zufriedenheit mit den Betriebsräten aufweisen. Dies gilt insbesondere im Vergleich zu den markt- oder organisationsorientierten Führungskräften. Über die Ursachen hierfür kann nur begründet spekuliert werden, bei den Netzwerkorientierten ist wohl von einem besonderen Interesse an einem betrieblichen »Miteinander« auszugehen. Dieses Interesse drückt sich anscheinend auch darin aus, dass man denjenigen Beschäftigten, die sich an den Betriebsrat als Interessenvertretung wenden, dieses Gremium auch zugesteht und es als legitime Interessenvertretung akzeptiert.

Die marktorientierten Führungskräfte sind dagegen insgesamt am unzufriedensten mit den Betriebsräten. Eine derartige Interpretation wird auch mit Blick auf die bereits zuvor vorgestellten Auswertungen zur Zufriedenheit mit den Sprecherausschüssen gestützt. Auch dort war eine tendenziell höhere Wahrscheinlichkeit einer negativen Einschätzung bei den Marktorientierten zu beobachten. Demgegenüber sind hier wie dort die Organisations- und Netzwerkorientierten diejenigen, die den Formen der kollektiven Interessenregulierung auf betrieblicher Ebene mit der jeweils größten Wahrscheinlichkeit positiv gegenüberstehen. Daher beurteilen die Fach- und Führungskräfte mit einem hohen Einkommen (über 100.000 Euro jährlich), die überdurchschnittlich oft eine dieser beiden Arbeitsorientierungen aufweisen, die Betriebsräte durchaus positiv.

In Bezug auf den Zusammenhang zwischen der wirtschaftlichen Lage der Unternehmen und der Beurteilung der Betriebsrätebestätigt sich das Bild in den deskriptiven Auswertungen: Bei schlechter wirtschaftlicher Lage steigt die Wahrscheinlichkeit für die Zufriedenheit mit dem Betriebsrat leicht an und die Wahrscheinlichkeit für die Unzufriedenheit sogar deutlich. In einer schlechten Wirtschaftslage polarisiert die Arbeit der Betriebsräte somit stärker als unter wirtschaftlich guten Bedingungen. Bei einer kritischen Beurteilung der wirtschaftlichen Lage des Unternehmens stehen anscheinend weniger Führungskräfte der Betriebsratsarbeit indifferent gegenüber. Möglicherweise nehmen die Befragten die Arbeit der Betriebsräte auch erst in Krisenzeiten (beispielsweise bei anstehenden Entlassungen) richtig und bewusst war. Erst die Krisenerfahrung formt demnach eine Einstellung gegenüber der Betriebsratsarbeit – wahrscheinlicher ist dann zudem eine eher negative Wahrnehmung durch die Führungskräfte. In einem schwierigen wirtschaftlichen Umfeld sehen sich anscheinend weniger Führungskräfte von den Betriebsräten adäquat vertreten.

Tabelle 21: Likelihood-Ratio Test »Zufriedenheit mit dem Betriebsrat«

	$LR\chi^2$	Df	$Pr(>\chi^2)$	
Arbeitsorientierung	15,83	8	0,045	*
Einkommen	9,48	8	0,304	
LA-Status	7,66	2	0,022	*
Alter	12,88	6	0,045	*
Position	8,14	8	0,420	
Bewertung direktes Gespräch mit Vorgesetzten	18,15	4	0,001	**
Geschlecht	0,58	2	0,747	
Promotion	4,57	2	0,102	
Wirtschaftliche Lage im Befragungsjahr	6,14	4	0,189	
Entlassungen im größerem Umfang	2,62	2	0,270	
Standortgröße (spline)	10,31	6	0,112	
VAA-Werksgruppe	0,12	2	0,943	
Sprecherauschuss	1,38	2	0,501	
Interaktionseffekt (Sprecherausschuss & Werksgruppe)	1,30	2	0,522	

*Quelle: Eigene Berechnungen; Signifikanzniveau: *** 0,001, ** 0,01, * 0,05*

6.6 Individuelle Beteiligungsstrukturen

Die geschilderte Partizipation der Fach- und Führungskräfte mittels betrieblicher Interessenvertretungsgremien ist jedoch nur ein Teil ihres Interessenhandelns, eine bedeutende Rolle spielt für die Gruppe der Befragten auch die Mitbestimmung in erster Person. In den betrieblichen Arbeitskontexten nutzen nahezu alle befragten Führungskräfte (96 Prozent) das direkte Gespräch mit Vorgesetzen, um auf der individuellen Ebene ihre persönlichen Interessen und Partizipationsvorstellungen einzubringen (vgl. Abbildung 27). Auch Zielvereinbarungsgespräche sind in den Unternehmen der Befragten nahezu flächendeckend verbreitet. Immerhin drei Viertel von ihnen nutzen Besprechungen auf der Abteilungsebene, um ihren eigenen Beteiligungswünschen Ausdruck zu verleihen. 70 Prozent der befragten Führungskräfte nutzen Beratungen im Arbeits- oder Projektteam und 67 Prozent versuchen, über persönliche Netzwerke ihre Interessen einzubringen.

Abbildung 27: Verbreitung individueller Beteiligungsverfahren

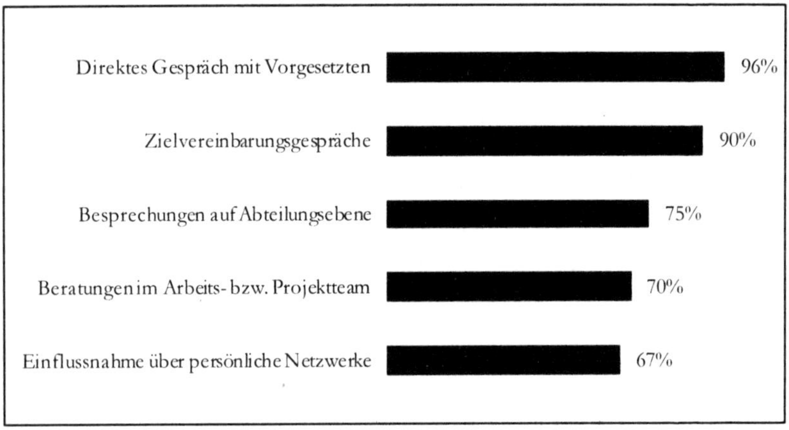

Quelle: Eigene Berechnungen; Fallzahlen in Klammern

In der Bewertung der Beteiligungsverfahren zeigt sich, dass insbesondere die Koordination im Arbeits- beziehungsweise Projektteam von vielen Befragten positiv bewertet wird. Hingegen zeigt sich eine größere Unzufriedenheit bei den Zielvereinbarungsgesprächen, mit denen rund ein Viertel der Befragten unzufrieden (19 Prozent) oder sehr unzufrieden (7 Prozent) sind. Diese durchschnittliche Bewertung der Zielvereinbarungsgespräche kann damit zusammenhängen, dass vereinbarte Ziele als Grundlage für die Vergabe von Bonuszahlungen dienen – so sind zwei Drittel (67 Prozent) der Befragten, die unzufrieden mit der Art der Vergabe der Bonusleistungen sind, auch unzufrieden oder sehr unzufrieden mit den Zielvereinbarungsgesprächen.

Die Bewertung der individuellen Beteiligungsmöglichkeiten weist einige Zusammenhänge mit der betrieblichen Position der Befragten auf. So wird zum einen deutlich, dass die Mitglieder der erweiterten Geschäftsführung vor allem die Gespräche mit dem Vorgesetzten, aber auch die Zielvereinbarungsgespräche deutlich besser beurteilen als Beschäftigte anderer Positionen (jeweils durchschnittlich circa zehn Prozentpunkte mehr). Zum anderen beurteilen vor allem Befragte in unteren Positionen die Abteilungsbesprechungen eher schlechter (vgl. Abbildung 28).

Gefragt nach der Bedeutung von Möglichkeiten der Partizipation an operativen und strategischen Entscheidungen im Unternehmen gaben die Fach- und Führungskräfte an, dass eine Beteiligung an operativen Aspekten ihrer Arbeit vergleichsweise wichtiger ist.

Abbildung 28: Bewertung individueller Beteiligungsverfahren

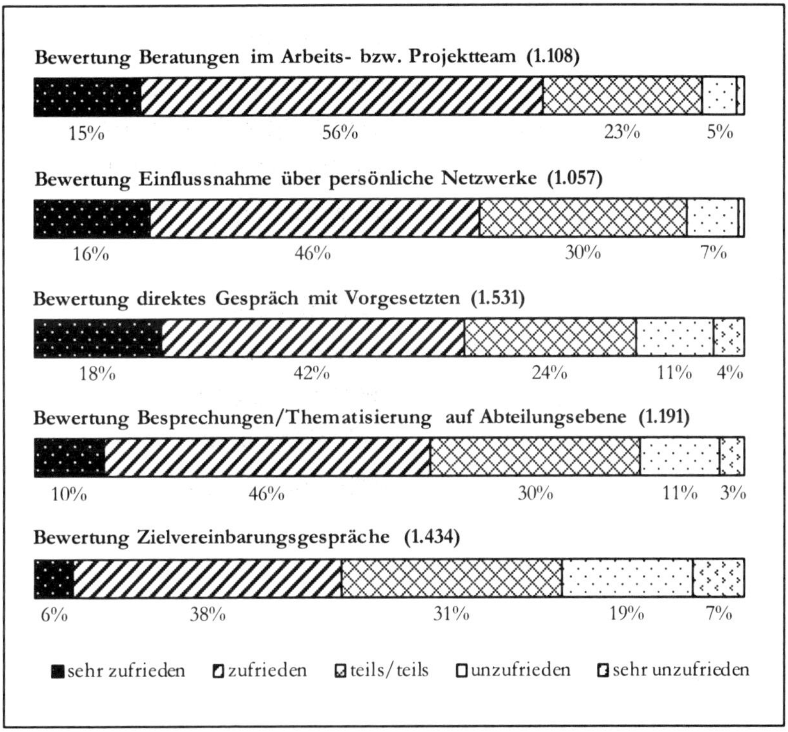

Quelle: Eigene Berechnungen; Fallzahlen in Klammern; Anteilswerte unter 3 Prozent werden nicht gesondert ausgewiesen

Insbesondere zu nennen sind hier die Punkte »Mitsprachemöglichkeit bei Inhalten von Arbeitsaufgaben« sowie »Mitsprache bei der Festlegung des Umfangs der Arbeitsaufgaben«. Eine Ausnahme stellen die Mitglieder der erweiterten Geschäftsführung dar, die auch den strategischen Themenbereichen eine höhere Bedeutung beimessen (durchschnittlich 0,6 Einheiten mehr). Dass das Mitentscheiden von den täglichen Arbeitsablauf betreffenden Aspekten bedeutender für die Befragten ist als die Teilhabe an langfristigeren unternehmensstrategischen Entscheidungen, ist dabei zunächst recht verständlich, denn dadurch kann die eigene Arbeitssituation direkt für den Einzelnen spürbar verändert beziehungsweise mitgestaltet werden.

Abbildung 29: Bedeutung und Beteiligung an Mitsprache bei ausgewählten Aspekten

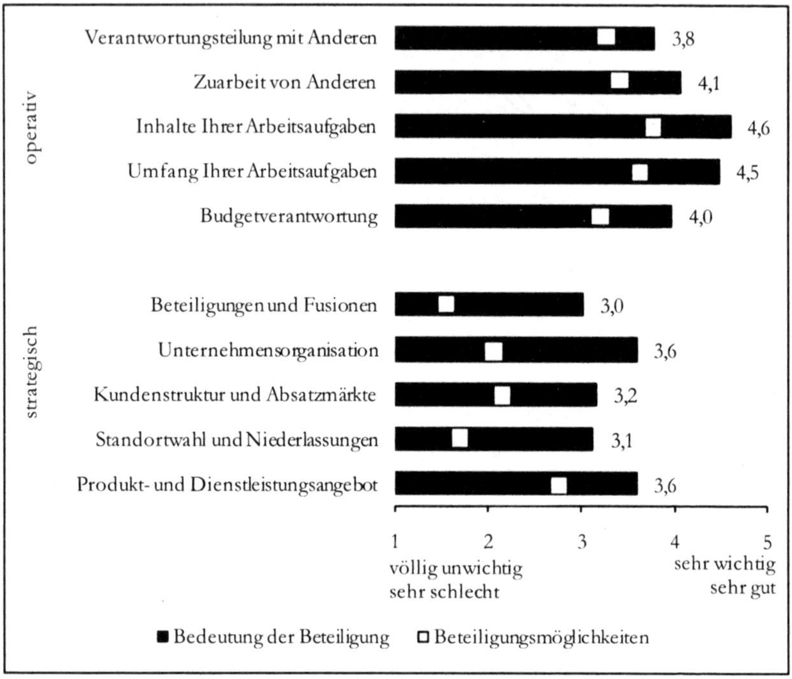

Quelle: Eigene Berechnungen; Durchschnittswerte auf einer Skala von eins bis fünf; Fallzahl beträgt jeweils mindestens 1.419

Jedoch zeigt die Diskrepanz zwischen der zugeschriebenen Bedeutung und den tatsächlichen Beteiligungsmöglichkeiten an strategischen Unternehmensentscheidungen – insbesondere bei den Aspekten »Beteiligungen und Fusionen« sowie »Standortwahl und Niederlassungen« – dass hier durchaus ein Mitsprachebedarf seitens der Führungskräfte besteht (vgl. Abbildung 29). Mit ihrer Beteiligung an operativen Entscheidungen waren die Befragten dagegen signifikant zufriedener. Beide Themen sind ähnlich gelagert; sie sind zunächst strategische Unternehmensentscheidungen, wirken sich jedoch unmittelbar auf das (Arbeits-)Leben der Befragten aus. Zusätzlich muss die weite Verbreitung von Standortverlagerungen berücksichtig werden: So gab es insgesamt in den Unternehmen von rund einem Drittel der Befragten in den letzten Jahren Standortverlagerungen. Davon waren in 92 Prozent der Fälle auch leitende und AT-Angestellte betroffen (vgl. Kapitel 4.1).

6.7 Präferenzen in der Ausgestaltung der Interessenaushandlung

Neben der Beurteilung einzelner Interessenvertretungsgremien waren auch die Präferenzen der Fach- und Führungskräfte für verschiedene Formen der Interessenaushandlung Thema der Befragung. Die Befragten wurden gebeten – nach dreizehn Themengebieten[48] differenziert – anzugeben, welche der genannten betrieblichen Akteure in ihrem Unternehmen an Regelungen für den jeweiligen Themenbereich beteiligt sind. In einem weiteren Befragungsschritt sollten die Fach- und Führungskräfte darüber hinaus angeben, welche Formen der Interessenaushandlung sie bei Regelungen der jeweiligen Themenbereiche jeweils bevorzugen würden.[49] Die Frage umfasste die Gremien Betriebsrat und Sprecherausschuss sowie andere betriebliche Gremien, die tarifvertragliche Regelung der einzelnen Aspekte, die alleinige Regelung durch die Geschäftsführung und die Vertretung durch die eigene Person. Die Befragten konnten bei den einzelnen Themenbereichen für jeden Akteur (beziehungsweise für jedes Verfahren) einzeln entscheiden, ob dieser beteiligt wird beziehungsweise beteiligt werden sollte. Mit dieser Vorgehensweise können auch für komplexere Verfahrens- und Akteurskonstellationen Präferenzen abgebildet werden.

48 Eines der abgefragten Themengebiete – Cafeteriamodelle – war vielen Befragten offenbar nicht bekannt, da dieses Thema im Vergleich eine deutlich geringere Antwortquote aufweist. Des Weiteren stützen viele frei auf den Fragebögen vermerkte Notizen der Befragten diese Vermutung. Die Antworten zu diesem Themenfeld sind daher in die nachfolgenden Ausführungen nicht eingeflossen. Cafeteriamodelle sind Vergütungssysteme, bei denen die Arbeitnehmer jeweils für einen bestimmten (Lohn-)Betrag zwischen verschiedenen Sozialleistungen wählen können: »Mit der Bezeichnung »Cafeteria-System« meint man die den Arbeitnehmern offerierte Möglichkeit, innerhalb eines bestimmten Budgets die von ihnen präferierten Sozialleistungen nach ihren individuellen Wünschen und Bedürfnissen auszuwählen« (Frick et al. 2000: 91). Wegen ähnlicher Inkonsistenzen wurde auch das Themenfeld Funktionsgruppenzuschnitt nicht mit in die Auswertung aufgenommen.

49 Für alle Auswertungen in Zusammenhang mit dieser Fragestellung des Fragebogens muss beachtet werden, dass durch die Erhebungsform (schriftliche Befragung) nur die subjektiven Wahrnehmungen und Einschätzungen der Befragten erhoben werden konnten. Dadurch stimmen die gemachten Angaben möglicherweise nicht immer mit der betrieblichen Praxis überein und entsprechen zum Teil nicht den gesetzlichen Regelungen.

Tabelle 22: Beteiligung an Entscheidungen zu ausgewählten Themen[50]

	Geschäftsführung	*Betriebsrat*	*Betriebsrat & Sprecherausschuss*	*Eigene Person*	*Sprecherausschuss*	*Anderes Gremium*	*Tarifvertraglich*	*Sonstige*	*Nennungen*
Vertragsgehaltssysteme	32	8	13	3	12	5	10	17	1.238
Variable Vergütungssysteme	36	14	19	3	12	4	1	11	1.207
Leistungsbewertungssysteme	36	14	21	2	9	6	0	12	1.201
Arbeitszeitmodelle	18	28	19	2	5	2	4	22	1.168
Mehrarbeit	10	33	7	22	2	2	2	22	1.079
Altersteilzeit	21	21	17	4	4	2	6	25	1.132
Betriebliche Altersvorsorge	24	19	22	3	4	4	4	20	1.171
Qualifizierung & Weiterbildung	18	8	6	40	1	6	1	20	1.125
Schutz bei Kündigung	6	25	20	3	8	2	9	27	1.128
Abfindungen	13	32	26	2	5	2	2	18	1.108
Arbeitssicherheit	14	18	8	8	1	18	2	31	1.111
Durchschnitt	19	18	15	8	5	4	3	19	12.668

Quelle: Eigene Berechnungen; der jeweils kleinste Prozentwert in jeder Zeile ist grau, der größte Wert schwarz hinterlegt; Angaben in Prozent

Die sich anhand des beschriebenen Fragenkomplexes ergebende Verteilung für die derzeitigen Zuständigkeiten in den Unternehmen der befragten Fach- und Führungskräfte kann der Tabelle 22 entnommen werden: Aus der Sicht einer nennenswerten Anzahl von Befragten entscheidet die Geschäftsführung bei einigen Aspekten, welche die persönlichen Arbeitsbedingungen der Fach- und Führungskräfte betreffen, alleine – ohne Berück-

50 Zahlreiche Befragte haben in der Beantwortung der Frage noch einmal explizit darauf hingewiesen, dass sich die Beteiligung der betrieblichen Gremien oder der eigenen Person immer in Kooperation mit der Geschäftsführung zusammen abspielt und haben daher Kombinationen wie »Betriebsrat und Geschäftsführung« angegeben. Diese Angabe wurden in dieser und in den folgenden Tabellen mit den Nennungen zur Beteiligung des Betriebsrats zusammengefasst. Bei den restlichen Kategorien mit der Ausnahme der alleinigen Regelung durch die Geschäftsführung wurde analog verfahren. Dieses Antwortverhalten der Befragten zeigt demnach noch einmal, dass sie die Beteiligung der Geschäftsführung bei den wichtigen Aspekten der Arbeitsregulierung als notwendig erachten.

sichtigung kollektiver oder individueller Regulierungsverfahren: In vier von elf Aspekten wird die *Geschäftsführung* am häufigsten genannt. Dies sind insbesondere jene Bereiche, welche die Entgeltgestaltung betreffen (Vertragsgehaltssysteme, variable Vergütungssysteme, Leistungsbewertungssysteme) sowie die Bereiche Altersteilzeit und betriebliche Altersvorsorge. Insgesamt ist jedoch festzuhalten, dass durchschnittlich vier Fünftel der Befragten angaben, dass Verfahren der kollektiven oder individuellen Partizipation in ihrem Unternehmen existieren. *Tarifvertragliche Regelungen* sind nach Angaben von ungefähr 10 Prozent der Befragten nur im Bereich der Vertragsgehaltssysteme und dem Schutz bei Kündigungen relevant. Die *individuelle Beteiligung* der Fach- und Führungskräfte ist lediglich beim Themenbereich Qualifizierung und Weiterbildung die häufigste Nennung. Relativ stark ausgeprägt ist die individuelle Beteiligung auch beim Thema Mehrarbeit, da hier immerhin 22 Prozent angaben, dass eine Beteiligung der eigenen Person vorliegt. Bei den restlichen Themen wird dagegen nur von wenigen Befragten eine direkte Beteiligung angeführt.

Verbreiteter ist aus der Sicht der Befragten die Beteiligung des *Betriebsrats*, oftmals auch die Beteiligung von *Betriebsrat und Sprecherausschuss*. So gab ein Großteil der Befragten bei den Themenbereichen Arbeitszeitmodelle und Mehrarbeit die Beteiligung des Betriebsrates an. Bei den Arbeitszeitmodellen wird der Betriebsrat sogar von 47 Prozent der Befragten genannt (Betriebsrat und Betriebsrat gemeinsam mit dem Sprecherausschuss). In einer ähnlichen Größenordnung liegt die Beteiligung bei den Aspekten Kündigungsschutz und Abfindungen: die Teilhabe des Betriebsrates an Entscheidungen bei diesen Themenkomplexen wird auch hier mit 25 und 32 Prozent am häufigsten genannt. Werden die Nennungen für die gemeinsame Beteiligung von *Betriebsrat und Sprecherausschuss* hinzugezählt, konstatieren sogar 45 beziehungsweise 58 Prozent der Befragten eine Beteiligung des Betriebsrats in diesem Themenfeld. Genauso häufig wie die in der Befragung nicht näher bezeichneten *anderen Gremien* wird der Betriebsrat schließlich beim Themenfeld Arbeitssicherheit beteiligt. Die häufige Nennung der »anderen Gremien« bei diesem Themenfeld verweist möglicherweise auf den Arbeitsschutzausschuss, der für Betriebe mit mehr als 20 Beschäftigten gesetzlich vorgesehen ist.[51] In den restlichen Themenbe-

51 Vgl. Paragraph 11 Gesetz über Betriebsärzte, Sicherheitsingenieure und andere Fachkräfte für Arbeitssicherheit vom 12. Dezember 1973 (BGBl. I S. 1885), zuletzt geändert durch Artikel 226 der Verordnung vom 31. Oktober 2006 (BGBl. I S. 2407) (Arbeitssicherheitsgesetz – AsiG).

reichen finden sich hingegen nur wenige Nennungen zur Beteiligung »anderer betrieblicher Gremien« an der Interessenaushandlung. Dieser Befund ist jedoch nicht verwunderlich, da solche »anderen betrieblichen Vertretungsorgane« in den Großbetrieben des Untersuchungsfeldes generell nur eine geringe Verbreitung aufweisen (vgl. Hauser-Ditz et al. 2008: 106). Der *Sprecherausschuss* als Gremium der leitenden Angestellten agiert aus Sicht der Befragten nur selten eigenständig ohne eine gleichzeitige Teilhabe des Betriebsrates. Nur bei den Aspekten Vertragsgehaltssysteme und variable Vergütungssysteme beziehungsweise Leistungsbewertungssysteme erreicht er circa 10 Prozent der Nennungen.

Insgesamt mach die Darstellung deutlich, welche Gremien in der Wahrnehmung der Fach- und Führungskräfte die Interessenregulierung in den Unternehmen dominieren. Für die befragten leitenden und nicht-leitenden AT-Beschäftigten in der chemischen Industrie scheinen dies vor allem jene Gremien zu sein, in denen ihr persönlicher Einfluss eher gering ist. Daher zeigt sich bei den Antworten der Befragten zu den präferierten Entscheidungsverfahren (vgl. Tabelle 23) ein in Teilen deutlich anderes Bild: Bei einem Großteil der Themenbereiche wird die gemeinsame Beteiligung von *Betriebsrat und Sprecherausschuss* am häufigsten gefordert. Danach folgen je nach Themenbereich auf wechselnden Rängen die »anderen Gremien«, die alleinige Beteiligung des Betriebsrats beziehungsweise des Sprecherausschusses. Die »Alleinentscheidung« durch die Geschäftsführung scheint für die Befragten keine Option zu sein: bei keinem der abgefragten Aspekte wird diese Form der Entscheidungsfindung von einem größeren Teil der Fach- und Führungskräfte präferiert. Hierin wird deutlich, dass die Fach- und Führungskräfte auch den Organen der betrieblichen Mitbestimmung und kollektiven Verfahren der Interessenaushandlung insgesamt offen gegenüber stehen. Bei den Aspekten Vertragsgehaltssysteme, variable Vergütungssysteme oder Leistungsbewertungssystemen – also bei den Themen, die direkt oder indirekt die Entlohnung der Führungskräfte in den Unternehmen betreffen – votiert rund ein Fünftel der Befragte für einen größeren Einfluss des *Sprecherausschusses,* wobei auch bei diesen Themenfeldern die gemeinsame Beteiligung von Betriebsrat und Sprecherausschuss mindestens genauso häufig genannt wurde. Bei den Nennungen für die alleinige Beteiligung des Sprecherausschusses handelt es sich insbesondere um leitende Angestellte: diese nannten den Sprecherausschuss durchschnittlich viermal so oft wie die nicht-leitenden AT-Angestellten.

Die wenigsten Nennungen sind bei der Kategorie *tarifliche Regelungen* zu finden. Dieser Umstand sowie die recht geringe Bedeutung, die den tarifvertraglichen Regelungen für die derzeitige Situation beigemessenen wird (vgl. Tabelle 22) zeigen, dass die Fach- und Führungskräfte dieser Art von Regulierung für sich persönlich nur eine untergeordnete Rolle beimessen. Lediglich bei zwei Aspekten, den Vertragsgehaltsystemen und dem Schutz bei Kündigung, sind hier jeweils etwas mehr Nennungen zu verzeichnen. Tarifverträge werden somit anscheinend von den Befragten vor allem als Mittel zur Absicherung ihrer persönlichen wirtschaftlichen und finanziellen Lage angesehen – für die weitere Ausgestaltung ihrer eigenen Arbeitsbedingungen wünschen sie sich jedoch eher die Beteiligung betrieblicher Regulierungsformen.

Tabelle 23: Präferenzen zur Beteiligung an Entscheidungen bei ausgewählten Themen

	Geschäftsführung	*Betriebsrat*	*Betriebsrat & Sprecherausschuss*	*Eigene Person*	*Sprecherausschuss*	*Anderes Gremium*	*Tarifvertraglich*	*Sonstige*	*Nennungen*
Vertragsgehaltssysteme	7	5	20	5	21	9	8	25	1.141
Variable Vergütungssysteme	9	9	24	5	20	9	1	23	1.121
Leistungsbewertungssysteme	8	7	24	5	17	11	1	27	1.113
Arbeitszeitmodelle	4	16	26	4	8	5	3	34	1.067
Mehrarbeit	3	19	13	23	4	4	3	31	1.005
Altersteilzeit	6	13	23	8	8	5	5	32	1.039
Betriebliche Altersvorsorge	8	11	27	5	10	6	4	29	1.078
Qualifizierung & Weiterbildung	5	5	9	43	3	7	1	27	1.051
Schutz bei Kündigung	1	16	27	1	11	3	7	34	1.062
Abfindungen	3	17	32	2	9	4	3	30	1.024
Arbeitssicherheit	7	13	12	8	1	20	2	37	1.020
Durchschnitt	5	11	20	9	9	7	3	27	11.721

Quelle: Eigene Berechnungen; der jeweils kleinste Prozentwert in jeder Zeile ist grau, der größte Wert schwarz hinterlegt; Angaben in Prozent

Den Themenkomplex »Qualifizierung und Weiterbildung« wollen die Befragten überwiegend eigenständig verhandeln: Die *Regulierung durch die eigene*

Person wird hier mit 43 Prozent der Nennungen am häufigsten genannt, was ungefähr dem derzeitigen Zustand entspricht. Die eigene Weiterqualifizierung wird von den Befragten somit als persönliche Aufgabe verstanden. Dabei ist dieses Anliegen angesichts der zum Teil ausgeprägten Karrierevorstellungen beziehungsweise dem großen beruflich-fachlichen Interesse der Führungskräfte an den Inhalten ihrer Arbeitsaufgaben durchaus nicht überraschend. Insofern würde der Wunsch nach persönlicher Beteiligung hier nur bedeuten, dass diesem Aspekt ein vergleichsweise hoher Stellenwert eingeräumt wird. Die Beteiligung anderer Gremien in diesem Themenfeld würden die zumeist akademisch gebildeten hochqualifizierten Angestellten bei diesem Aspekt wohl rasch als Einmischung und Gängelei verstehen, gegen die sie sich verwahren. Ein wichtiger Aspekt bei den Arbeitseinstellungen der Führungskräfte ist ja gerade das selbstständige Arbeiten nach beruflichen Vorstellungen (vgl. Abbildung 5).

Die Differenzen zwischen der derzeitigem (Tabelle 22) und der präferierten Beteiligung (Tabelle 23) sind zum besseren Vergleich in Tabelle 24 nochmals zusammenfassend dargestellt. [52] Hierbei wird noch einmal deutlich, dass die Befragten insgesamt eine umfassendere Anwendung der betrieblichen Verfahren zur kollektiven oder individuellen Partizipation befürworten. Dies wird besonders deutlich wenn die Veränderung bei der »Alleinentscheidung« der Geschäftsführung in den Blick genommen wird: In den meisten Themengebieten weist sie die größten negativen Abweichungen im Vergleich zum derzeitigen Zustand auf. Auf der anderen Seite werden die gemeinsame Beteiligung von Sprecherausschuss und Betriebsrat sowie die Beteiligung des Sprecherausschusses deutlich häufiger gefordert. Wie bereits geschildert wünschten sich vor allem die befragten leitenden Angestellten eine erweiterte Mitsprache von Sprecherausschüssen in Fragen der Entgeltgestaltung, während die nicht-leitenden AT-Angestellten eher uneinheitlich eine stärkere Beteiligung des Sprecherausschusses, eines »anderen Gremiums« und auch eine gemeinsame Beteiligung von Betriebsrat und Sprecherausschuss einfordern (vgl. Tabelle 25).

52 Da es sich hierbei um Anteilswerte handelt, können die jeweils zugrunde liegenden Fallzahlen voneinander abweichen (vgl. Tabelle 22 und Tabelle 23).

Tabelle 24: Präferenzen im Vergleich zur derzeitigen Situation

	Geschäftsführung	*Betriebsrat*	*Betriebsrat & Sprecherausschuss*	*Eigene Person*	*Sprecherausschuss*	*Anderes Gremium*	*Tarifvertraglich*
Vertragsgehaltssysteme	-25	-3	7	2	9	4	-2
Variable Vergütungssysteme	-27	-5	5	2	8	5	0
Leistungsbewertungssysteme	-28	-7	3	3	8	5	1
Arbeitszeitmodelle	-14	-12	7	2	3	3	-1
Mehrarbeit	-7	-14	6	1	2	2	1
Altersteilzeit	-15	-8	6	4	4	3	-1
Betriebliche Altersvorsorge	-16	-8	5	2	6	2	0
Qualifizierung & Weiterbildung	-13	-3	3	3	2	1	0
Schutz bei Kündigung	-5	-9	7	-2	3	1	-2
Abfindungen	-10	-15	6	0	4	2	1
Arbeitssicherheit	-7	-5	4	0	0	2	0
Durchschnitt	-15	-8	5	2	4	3	0

Quelle: Eigene Berechnungen; Differenzen der aggregierten Anteilswerte, die größte negative Differenz in jeder Zeile ist schwarz, die größte positive Differenz ist grau hinterlegt

Bei den restlichen Aspekten unterscheidet sich das Antwortverhalten von leitenden und nicht-leitenden Befragten deutlicher: während die nicht-leitenden AT-Angestellten vor allem eine stärkere Kooperation von Betriebsräten und Sprecherausschüssen fordern, überwiegt bei den leitenden Angestellten das Votum für die Beteiligung des Sprecherausschusses: So haben die nicht-leitenden Befragten, die entgegen dem derzeitigen Zustand keine alleinige Beteiligung des Betriebsrats fordern, im Vergleich zur Beteiligung des Sprecherausschusses mehr als doppelt so häufig die gemeinsame Beteiligung von Betriebsrat und Sprecherausschuss genannt als die leitenden Angestellten. Die nicht-leitenden AT-Angestellten präferieren also eine stärkere Beteiligung der Sprecherausschüsse zusätzlich zu den Betriebsräten statt einer alleinigen Beteiligung des Sprecherausschusses.

Tabelle 25: Präferenz für einzelner Interessenregulierungsformen nach Status

	Geschäftsführung	*Betriebsrat*	*Betriebsrat & Sprecherausschuss*	*Eigene Person*	*Sprecherausschuss*	*Anderes Gremium*	*Tarifvertraglich*	*Sonstige*	*Nennungen*
Angaben zur Beteiligung									
LA	21	13	20	9	9	5	4	19	6.070
AT	20	27	14	7	2	4	4	22	4.940
Durchschnitt[53]	21	20	17	8	6	5	4	19	11.010
Präferenzen zur Beteiligung									
LA	6	7	25	10	16	7	3	26	6.070
AT	5	17	19	9	4	8	4	34	4.940
Durchschnitt	6	12	22	10	10	8	4	28	11.010

Quelle: Eigene Berechnungen; Angaben in Prozent

Weiterhin präferieren die Befragten die *»anderen Gremien«* und die Beteiligung in der *»eigenen Person«* ebenfalls häufiger. Allerdings weisen diese Beteiligungsformen im Vergleich zu den oben genannten Formen deutlich weniger Nennungen auf. Letztlich können die Angaben der Befragten sowohl als Wunsch nach stärker Beteiligung der betrieblichen Mitbestimmungsgremien, als auch als »Gestaltungsauftrag« an Sprecherausschuss und Betriebsrat die Kooperation zu stärken verstanden werden.

Die Präferenzen für verschiedene Formen der Interessenregulierung unterscheiden sich bei den Befragten teilweise auch nach den verschiedenen Arbeitsorientierungen (vgl. Tabelle 26). Während alle Fach- und Führungskräfte eine geringere Einbindung der Geschäftsführung wünschen, lehnen die marktorientierten Befragten auch die alleinige Beteiligung des *Betriebsrates* überdurchschnittlich häufig ab (-10 Prozentpunkte). Dafür wünscht sich dies Befragtengruppe überdurchschnittlich oft die gemeinsame Beteiligung von Sprecherausschuss und Betriebsrat.

53 Durch die Einschränkung auf Befragte deren Status bekannt ist weichen die Durchschnittswerte leicht von den Werten für alle Befragten ab.

Tabelle 26: Präferenz für einzelner Interessenregulierungsformen nach Arbeitsorientierungen

	Geschäftsführung	*Betriebsrat*	*Betriebsrat & Sprecherausschuss*	*Eigene Person*	*Sprecherausschuss*	*Anderes Gremium*	*Tarifvertraglich*	*Sonstige*	*Nennungen*
				Angaben zur Beteiligung					
Markt	22	23	14	9	3	4	4	21	1.924
Beruf	26	17	15	7	6	5	5	19	2.265
Organisation	20	18	17	9	7	4	4	21	2.534
Netzwerk	17	19	18	10	6	6	3	21	2.072
Durchschnitt[54]	21	19	16	9	5	5	4	21	8.795
				Präferenzen zur Beteiligung					
Markt	4	13	22	10	7	9	4	31	1.924
Beruf	6	11	19	9	12	8	5	30	2.265
Organisation	7	12	21	11	12	6	3	28	2.534
Netzwerk	7	12	23	11	10	8	3	26	2.072
Durchschnitt	6	12	21	10	10	8	4	29	8.795

Quelle: Eigene Berechnungen; Angaben in Prozent

Bei den restlichen Arbeitsorientierungen zeigen sich in diesem Punkt nur geringe Differenzen. Auch bei den *»anderen Gremien«* weichen die marktorientierten Führungskräfte in ihren Präferenzen ab: Während über alle Themenbereiche hinweg bereits ein gewisser Anteil der Nennungen für die Beteiligung »anderer Gremien« festzustellen ist, liegt dieser bei den Marktorientierten noch einmal etwas höher. Bei den Organisationsorientierten gibt es dagegen die wenigsten Präferenzäußerungen für diese Form der betrieblichen Interessenaushandlung. Beteiligungsmodelle unter verstärkter Einbeziehung von Selbstvertretungsmöglichkeiten weisen ebenso wie tarifliche Regelungen bei keiner der Arbeitsorientierungen einen besonders über- oder unterdurchschnittlichen Anteil der Nennungen auf. Das Antwortverhalten der Organisations- und Netzwerkorientierten zeigt größere Präferenzen für die Beteiligung des Sprecherausschusses – da in dieser Gruppe

54 Durch die Einschränkung auf Befragte, denen eine Arbeitsorientierung zugeordnet werden konnte, weichen die Durchschnittswerte leicht von den Werten für alle Befragten ab.

vor allem ältere leitenden Führungskräfte zu finden sind, scheint dieses Ergebnis unter Berücksichtigung des Antwortverhaltens der leitenden Angestellten plausibel.

6.8 Führungskräfte und betriebliche Mitbestimmung

Die vorangegangenen Analysen machen deutlich: »Führungskräfte *und* betriebliche Mitbestimmung« bedeutet immer auch »Führungskräfte *in* der betrieblichen Mitbestimmung«. So konnte klar herausgestellt werden, dass Führungskräfte die betriebliche Interessenvertretung und ihre Funktionen und Ausprägungen in den Großunternehmen der chemischen Industrie insgesamt befürworten. Für besonders wichtig wird die betriebliche Mitbestimmung durch Betriebsräte dabei für die Belegschaften jenseits der Führungskräfte selbst gehalten. Für diese Arbeitnehmergruppen wird sie in der bestehenden Form als ein wichtiges Mittel der Interessenregulierung angesehen. Darüber hinaus zeigte sich, dass ein großer Teil der Führungskräfte die Formen der betrieblichen Mitbestimmung auch für sich selbst akzeptiert und als bedeutsam ansieht. Bei den leitenden Angestellten wiederum wurde vor allem der Sprecherausschuss als zentrales Gremium der eigenen Interessenvertretung angesehen.

Gleichzeitig zeigten sich durchaus auch kritische Sichtweisen und die Probleme von Führungskräften mit Teilaspekten der betrieblichen Mitbestimmung: Viele Aspekte der Arbeit der Betriebsräte und auch der Sprecherausschüsse werden immer noch als nicht mit den Interessen von AT- und leitenden Angestellten konform angesehen. Die Vertretung des außertariflichen Bereiches durch die Betriebsräte wird als problematisch erfahren, insbesondere wenn hiervon jüngere Führungskräfte betroffen sind. Während organisations- und netzwerkorientierte Führungskräfte sich eher auf der Unternehmensseite und somit verstärkt auch als (Mit-)Unternehmer und weniger als abhängig Beschäftigte wahrnehmen, wird diese Sichtweise von markt- und berufsorientierten Führungskräften nicht ohne Einschränkungen geteilt. Hier ist in Teilaspekten eine deutliche Unzufriedenheit mit bestehenden Entscheidungs- und Vertretungsstrukturen in der betrieblichen Mitbestimmung zu registrieren. Einige der sich vornehmlich in dieser Lage befindenden nicht-leitenden AT-Angestellten sehen sich in eine Position »zwischen allen Stühlen«: Sie können ihre Interessen und Anliegen nicht gemeinsam mit einer großen Mehrheit der Belegschaften durch Betriebsräte vertreten, weil dort in der Wahrnehmung der Führungskräfte andere Interessenlagen und Ansprüche vorherrschen. Andererseits werden aber auch die Sprecherausschüsse nicht von ihnen klar als eigene Vertretungsorgane wahrgenommen. Die befragten Führungskräfte empfinden einerseits eine klare Trennung von Belegschaft und Führungskräftebereich, wobei zu letzterem Bereich alle Beschäftigten ab den Fachpositionen des außertariflichen Bereiches zu zählen sind. Andererseits ist jedoch auch der Führungskräftebereich nach Ansicht vieler Befragter in zumindest zwei Lager zu teilen: So genießen die nicht-leitenden AT-Beschäftigten nicht die gleichen Privilegien und dieselbe Anerkennung seitens der Unternehmen wie die leitenden Angestellten. Diese verfügen mit den Sprecherausschüssen zwar über das formal mit weniger Rechten ausgestattete betriebliche Vertretungssgremium, können aber aufgrund ihrer Positionen im Unternehmen Entscheidungsprozesse anscheinend besser kontrollieren und in ihrem Sinne beeinflussen.

Im Zuge des Anwachsens der Gruppe der nicht-leitenden AT-Beschäftigten in den Unternehmen bei gleichzeitig stagnierendem Anteil von leitenden Angestellten kommt dieser Gruppe eine zukünftig steigende Bedeutung zu. Dabei kann aus der vorgestellten Untersuchung letztlich ein Schluss gezogen werden: Das etablierte Vertretungssystem wird allgemein auch von Führungskräften anerkannt und nicht ernsthaft in Frage gestellt. Es müssen jedoch sowohl die betrieblichen Interessenvertreter als auch die überbetrieblichen Interessenverbände ihre Rolle in der Vertretung der Führungskräfte und deren Position im Rahmen von Partizipation und Mitbestimmung neu überdenken. Die ausgeprägten Anspruchshaltungen von Führungskräften gegenüber dem Mitbestimmungssystem sprechen dabei für eine Ausweitung der kooperativen Zusammenarbeit der betrieblichen Vertretungsgremien als auch für eine ergänzende und nicht nur konfliktorientierte Ausrichtung überbetrieblicher Verbands- und Gewerkschaftsarbeit.

7 Fazit

Ziel dieser Studie war es, die Arbeits- und Partizipationsorientierungen von Führungskräften für den Bereich der chemischen Industrie in Deutschland empirisch zu untersuchen. Hierzu wurden die in dieser Branche tätigen Mitglieder des Verband angestellter Akademiker und leitender Angestellter der Chemischen Industrie (VAA) mithilfe eines umfangreichen Erhebungsinstruments schriftlich befragt. Nachdem schon seit mehreren Jahrzehnten detailreiche Einzelstudien für bestimmte Unternehmen und qualitativ-explorative Untersuchungen durchgeführt worden waren, liegt hiermit zum ersten Mal ein Datensatz vor, der für die Gruppe der Führungskräfte der chemischen Industrie Deutschlands trotz eines leichten Übergewichts von Großbetrieben Repräsentativität beanspruchen kann. Die wesentlichen empirischen Befunde sollen im Folgenden resümiert und einige wissenschaftliche und arbeitspolitische Schlussfolgerungen gezogen werden.

7.1 Empirische Befunde der Führungskräfte-Befragung

Wie auch in vielen anderen Studien aufgezeigt, handelt es sich bei den Führungskräften keineswegs um eine homogene Gruppe. Die Binnendifferenzierung der nicht-leitenden und leitenden außertariflichen Angestellten kann aufgrund der Befragungsdaten für die chemische Industrie wesentlich genauer vorgenommen werden.

Als jeweilige Position im Unternehmen gaben bei der Befragung etwa ein Fünftel der Führungskräfte »Fachpositionen ohne Führungsaufgaben« und 24 Prozent eine Position mit Führungsaufgaben an; 16 Prozent rechneten sich dem unteren, 32 Prozent dem mittleren Management zu, und etwa 9 Prozent der Befragten war nach eigenen Angaben Teil der erweiterten Geschäftsführung. Schon hier zeigt sich die ganze Spannweite der sozialen Gruppe von Führungskräften zwischen Eigentümern und Arbeitnehmern.

Beschäftigungssituation und Arbeitsorientierungen

Die Studie konnte sehr deutlich aufzeigen, dass die Führungskräfte von den gegenwärtigen Veränderungen in der Wirtschaft keineswegs verschont geblieben sind. Obwohl die chemische Industrie eine durchaus stabile und insgesamt erfolgreiche Branche in Deutschland ist, waren in immerhin einem Viertel der Unternehmen Entlassungen in größerem Umfang durchgeführt worden.

Dabei gaben zwei Drittel aller befragten Fach- und Führungskräfte an, dass auch diese Gruppe von Entlassungen betroffen war. Über neun Zehntel der Führungskräfte waren der Befragung zufolge sogar von Standortverlagerungen unmittelbar betroffen. Dies zeigt deutlich, dass die in früheren Studien (Kudera et al. 1979) aufgestellte Behauptung, Führungskräfte als hoch qualifizierte Angestellte seien von den Rationalisierungsprozessen verschont, heute nicht zutrifft. In den Betrieben, in denen nach Auskunft der Befragten in den letzten Jahren Personalanpassungsmaßnahmen aufgrund wirtschaftlicher Schwierigkeiten durchgeführt worden waren, zeigten sich bei den Führungskräften signifikant skeptischere Haltungen gegenüber dem eigenen Unternehmen und Tendenzen zu einer »inneren Kündigung« auch dann, wenn die befragten Führungskräfte selbst von diesen Maßnahmen nicht betroffen waren.

Im Hinblick auf die von den Befragten angegebenen Arbeitszeiten bestätigt sich sowohl vom Umfang als auch der Flexibilität her die hohe Arbeitsbelastung und zeitliche Beanspruchung der Führungskräfte. Alle in der politischen und gesellschaftlichen Diskussion vorgeschlagenen Modelle moderner familiärer Mitverantwortung für den Haushalt und für die Kindererziehung sind angesichts dieser enormen Beanspruchung der Fach- und Führungskräfte nicht umsetzbar (vgl. auch Liebold 2001). Eine gewisse Kompensation für diesen hohen Grad an Engagement erfahren die Führungskräfte durch eine relativ stabile und hohe Entlohnung, bei der in zunehmendem Maße erfolgsabhängige Komponenten eingebaut sind. Vor dem Hintergrund dieser allgemeinen Arbeits- und Beschäftigungsbedingungen müssen die Interessenorientierungen der Führungskräfte interpretiert werden. Mehrheitlich wurden vier große Ziele von den Befragten genannt (jeweils etwa zwei Drittel der Befragten): (1) selbstständiges Arbeiten, (2) ein sicherer Arbeitsplatz, (3) eine kollegiale Arbeitsatmosphäre und (4) die Möglichkeit, die eigenen beruflichen Vorstellungen zu verwirklichen. Dagegen wurden Interessenorientierungen wie etwa die autonome Festlegung der Arbeitszeit, die Erzielung eines möglichst hohen Einkommens, die Übernahme einer Schlüsselfunktion für das Unternehmen oder die Gewährung besonders guter Aufstiegsmöglichkeiten wesentlich weniger häufig als wichtig oder sehr wichtig genannt.

Den größten Anteil an Zustimmung bei den Befragten fand die Aussage »Es beruhigt mich, eine dauerhafte Einkommens- und Beschäftigungsperspektive zu haben« (87 Prozent stimmten dieser Aussage zu). Dies ist angesichts der hohen Leistungsorientierung der Fach- und Führungskräfte ein etwas überraschender Befund, der aber vor dem Hintergrund der Beschäftigungsturbulenzen vieler Unternehmen nur allzu verständlich wird. Es zeigte sich nämlich, dass sich die alten traditionellen Berufskarrieren und Betriebsbindungen zunehmend auflösen. An zweiter Stelle folgte das Statement »Ich bin stolz auf die Art von Arbeit, die ich mache«, der immerhin noch 77 Prozent aller Befragten zustimmten. Gefolgt wurden diese beiden häufigsten Nennungen von den Aussagen »Ich tausche mich mit meinen Kollegen im Unternehmen auch über Themen aus, die über die reinen Arbeitsinhalte hinausgehen« (74 Prozent), »Ich bin bereit, härter zu arbeiten als ich muss, wenn ich daraus einen persönlichen Nutzen für mich ziehen kann« (71 Prozent) und »Ich bin bereit, härter zu arbeiten als ich muss, um zum Erfolg meines Unternehmens beizutragen« (69 Prozent).

Mit diesen häufigsten Nennungen der grundlegenden Interessen- und Arbeitsorientierungen deuten sich bereits unterschiedliche Muster der Arbeitsvorstellungen und -orientierungen von Führungskräften an. Es gibt offensichtlich Führungskräfte, die in erster Linie an einer fachlich-beruflich herausfordernden Arbeit und Karriere interessiert sind (Berufsorientierung). Anderen ist ihre Einbindung in eine betriebliche Organisation und ihr Leistungsbeitrag zu dieser entscheidend (Organisationsorientierung). Wiederum andere haben eine eher lockere Verbindung zu ihrem Betrieb und auch zu ihrer beruflichen Tätigkeit, für sie stehen die unmittelbaren persönlichen Erfolge und Nutzen im Vordergrund (Marktorientierung). Schließlich gibt es eine Gruppe, für die die gute Arbeitsatmosphäre im unmittelbaren Arbeitsbereich und das gute Verhältnis zu den Kollegen von entscheidender Bedeutung für die Beurteilung der eigenen Arbeitssituation sind (Netzwerkorientierung).

Vier Typen von Arbeitsorientierungen

Vor dem Hintergrund eigener theoretischer Erklärungen zu einer institutionenorientierten Arbeitssoziologie (Pries 2005) und der vorliegenden sozialwissenschaftlichen Literatur wurde eine Typologie von vier Idealtypen der Arbeitsorientierungen von Führungskräften entwickelt: (1) eine berufsfachlich ausgerichtete Arbeitsorientierung, (2) eine auf den Betrieb beziehungsweise die Organisation und eine entsprechende Karriere ausgerichtete Arbeitsorientierung, (3) eine auf die netzwerkförmige soziale Einbindung im unmittelbaren Arbeitsbereich abzielende Arbeitsorientierung und schließlich (4) eine marktförmige, den individuellen Nutzen optimierende Arbeitsorientierung. Diese aus theoretischen Überlegungen und vorhandenen Studien entwickelte Ex-ante-Typologie wurde im Laufe der Untersuchungen mit einer induktiv durch Clusterbildung gewonnenen Typologie der Arbeitsorientierungen von Führungskräften verglichen. Dabei zeigte sich, dass mit den vier idealtypischen Arbeitsorientierungen tatsächlich etwa vier Fünftel aller befragten Führungskräfte zugeordnet werden können und eine indifferente Restgruppe von 22 Prozent verbleibt. Die vier Idealtypen lassen sich dabei durch jeweils zwei spezifische Statements zu ihren Arbeitsorientierungen hinreichend klassifizieren. Der marktlichen Arbeitsorientierung entsprechen die beiden Aussagen »Ich würde eine andere, besser bezahlte Stelle annehmen, wenn sich die Gelegenheit böte« und »Ich bin bereit, härter zu arbeiten als ich muss, wenn ich daraus einen persönlichen Nutzen für mich ziehen kann.« Eine organisationsbezogene Arbeitsorientierung wird durch die Zustimmung zu den beiden Aussagen »Ich bin stolz darauf, für meine Firma/Organisation zu arbeiten« und »Ich empfinde ein starkes Gefühl der Zugehörigkeit zu dem Unternehmen, in dem ich arbeite« indiziert. Eine berufliche Arbeitsorientierung spiegelt sich in den beiden Äußerungen wider »Wenn ich die Gelegenheit hätte, würde ich mich lieber mehr fachlich als mit Organisationsaufgaben beschäftigen« und »Ich bin stolz auf die Art von Arbeit, die ich mache« Und schließlich verweist die Zustimmung zu den beiden Aussagen »Wenn es zu Konflikten mit Vorgesetzten/der Unternehmensführung kommt, stehen meine Kollegen hinter mir« und »Ich tausche mich mit meinen Kollegen/anderen Führungskräften im Unternehmen auch über Themen aus, die über die reinen Arbeitsinhalte hinaus gehen« auf eine netzwerkbezogene Arbeitsorientierung.

Die theoretische und empirische Fundierung dieser vier Idealtypen von Arbeitsorientierungen der Führungskräfte kann als ein wesentlicher Ertrag dieser Studie angesehen werden. Hiermit sind erstmalig die in Einzelfallstudien und qualitativen Fallbeschreibungen aufgestellten Vermutungen und Behauptungen für den untersuchten Bereich der Führungskräfte der Chemieindustrie einer genaueren Überprüfung zugänglich. Die Typologie organisationsbezogener, beruflicher, netzwerkförmiger und marktlich ausgerichteter Führungskräfte besitzt im Hinblick auf die Arbeitsorientierungen eine weitaus größere Erklärungskraft als die aus anderen Studien bekannten Typenvorschläge.

Vergleicht man die Zuordnung zu einem dieser vier Idealtypen von Arbeitsorientierungen mit wichtigen demographischen Merkmalen der Befragten, so zeigt sich, dass die organisationsbezogenen Führungskräfte mit größerer Wahrscheinlichkeit leitende Angestellte beziehungsweise in der erweiterten Geschäftsführung und im mittleren Management Tätige sind, als dies für die markt- und für die berufsbezogenen Typen gilt. Bei den Letzteren handelt es mit größerer Wahrscheinlichkeit um nicht-leitende AT-Angestellte sowie um Führungskräfte in hoch qualifizierten Fachpositionen mit und ohne Führungsaufgaben. Auch im Hinblick auf das durchschnittliche Jahreseinkommen, die durchschnittliche Dauer der Unternehmenszugehörigkeit sowie das eigene Lebensalter korreliert der organisationsbezogene Führungskräftetyp mit größerer Wahrscheinlichkeit mit sehr guten Jahresverdiensten, mit höherem Lebensalter und mit einer längeren Betriebszugehörigkeitsdauer.

Während die organisations- und netzwerkbezogenen Führungskräftetypen die wirtschaftliche Lage sehr gut oder gut beurteilen, sind die markt- und berufsorientierten Typen eher pessimistisch im Hinblick auf die wirtschaftliche Lage des eigenen Unternehmens. Inwiefern sich die Arbeitsorientierungen der Befragten und ihre Wahrnehmungsmuster hier wechselseitig beeinflussen, sei dahingestellt; denkbar ist, dass die eher älteren und arrivierten organisationsbezogenen Führungskräfte aufgrund ihrer Position im Unternehmen eine eher optimistische Sichtweise einnehmen, denkbar ist aber auch, dass im gleichen Unternehmen die eher markt- und berufsbezogenen Führungskräfte eine pessimistischere oder nur realistischere Sichtweise auf die wirtschaftliche Lage des Unternehmens haben. Genauere Analysen zeigten, dass die positiven oder negativen Beurteilungen der wirtschaftlichen Lage durchaus von dem Faktor beeinflusst wurden, ob es in den jeweiligen Unternehmen in den letzten Jahren Entlassungen gab oder nicht.

Betrachtet man die Wahrscheinlichkeiten für die vier idealtypischen Muster von Arbeitsorientierungen über den individuellen Lebensverlauf, so deutet sich eine deutliche Wegscheide etwa in der Mitte des Berufslebens um das vierzigsten bis zweiundvierzigsten Lebensjahr an. Bis zu diesem Alter nehmen die Wahrscheinlichkeiten für eine Organisations- und Berufsorientierung ab. Während für die Organisationsorientierung die Wahrscheinlichkeit danach auch für Ältere konstant bleibt, steigt sie für die Berufsorientierung bis zu einem Alter von Mitte Fünfzig wieder an. Der berufsbezogene Führungskräftetyp tritt nach Beschreiten der Altersschwelle ab etwa dem fünfundvierzigsten Lebensjahr somit wieder mit größerer Wahrscheinlichkeit auf. Umgekehrt ist die Wahrscheinlichkeit für den marktbezogenen Führungskräftetypus im Alter von etwa 40 Jahren am größten. Hier müssten vertiefte und auch auf größere Datenbestände zurückgreifende Studien zeigen, inwiefern die Zugehörigkeit zu einem der vier Führungskräftetypen im individuellen Lebensverlauf wechselt oder aber bestimmte Arbeitsorientierungstypen als Alterskohorten aufzufassen sind. Insgesamt hat sich die Unterscheidung der vier Führungskräftetypen als äußerst stabil und erklärungsmächtig für die Analyse der Führungskräfte der deutschen Chemieindustrie erwiesen.

Arbeitsorientierungen und Haltung zur Mitbestimmung

In welchem Verhältnis nun stehen die skizzierten typischen Arbeitsorientierungen der Führungskräfte zu ihren Erwartungen an betriebliche Beteiligung und Mitbestimmung? Zunächst zeigt sich als Besonderheit der chemischen Industrie ihre großbetriebliche Prägung und ihr extrem hoher Grad an Geordnetheit im Hinblick auf die Strukturen von Betriebsrat und Tarifverträgen (vgl. auch Hauser-Ditz et al. 2008). In den Unternehmen der Führungskräfte wurden für 96 Prozent der befragten VAA-Mitglieder Betriebsräte als existent gemeldet. Bei 80 Prozent der Befragten existieren VAA-Werksgruppen, bei fast ebenso vielen Befragten (79 Prozent) gibt es Sprecherausschüsse der leitenden Angestellten. Die Unternehmen von 74 Prozent der Befragten weisen außerdem mitbestimmte Aufsichtsräte auf.

Die organisierte und kollektive Interessenvertretung im Rahmen der Unternehmensmitbestimmung, der Betriebsverfassung sowie der Sprecherausschüsse ist also für die chemische Industrie – zumindest für ihren großbetrieblichen Teil – fast schon als Normalzustand zu bewerten und dadurch auch in der Wahrnehmung der befragten Führungskräfte präsent. Nur die wenigsten Befragten sehen eine derartig große Distanz zwischen sich und den Gremien der betrieblichen Interessenvertretung, dass sie sich hierzu nicht äußern. Die Führungskräfte haben demgegenüber eine relativ gefestigte Meinung zur betrieblichen und Unternehmensmitbestimmung, die zwar von ihrer Funktion als Führungskräfte beeinflusst, aber nicht prinzipiell und per se negativ ist. Fragt man beispielsweise nach der Zufriedenheit der Führungskräfte mit der Arbeit der Interessenvertretungsgremien, so ergibt sich ein sehr hohes Zustimmungsniveau zu den Organen der Interessenvertretung für die Führungskräfte selbst: den Sprecherausschuss (48 Prozent zufrieden und sehr zufrieden) und die VAA-Werksgruppe (47 Prozent zufrieden und sehr zufrieden). Die Organe Betriebsrat und Aufsichtsrat weisen dagegen einen niedrigeren Zufriedenheitsgrad und einen im Falle des Betriebsrats fast doppelt so hohen Unzufriedenheitsgrad auf.

Die große Mehrheit der befragten Fach- und Führungskräfte hat eine sehr differenzierte Meinung im Hinblick auf die Bedeutung der genannten Gremien für sie persönlich und für die Beschäftigten insgesamt. So wird vor allem das Gremium Betriebsrat als für die Belegschaften wichtig bezeichnet. Die Führungskräfte erkennen dessen Existenz und Funktion für die Arbeitnehmer im Unternehmen an und erachten dieses Gremium zudem grundsätzlich auch als sinnvoll. Für die eigene Situation und die führungskräftespezifischen Belange werden die Betriebsräte jedoch zumeist als wenig einflussreich angesehen. Entsprechend befragt gaben sowohl leitende als auch nicht-leitende Angestellte durchschnittlich eine »wichtige« Bedeutung des Gremiums Betriebsrat für die gesamte Belegschaft an. Wie gezeigt werden konnte, wird die Bedeutung für die eigene Person dagegen deutlich niedriger eingeschätzt.

Dabei ist jedoch zusätzlich noch eine Unterscheidung zwischen leitenden und nicht-leitenden außertariflichen Angestellten zu beachten: Für jene Führungskräfte mit dem Status von leitenden Angestellten besitzt der Betriebsrat in seiner Funktion für die Führungskräfte eine nochmals deutlich geringere Bedeutung. Diese Einschätzung deckt sich auch mit der betriebsverfassungsrechtlichen Stellung von leitenden Angestellten. Doch auch die nicht-leitenden außertariflichen Angestellten, die auf der betrieblichen Ebene im System der Mitbestimmung eigentlich wie die restliche Belegschaft von den Betriebsräten vertreten werden, geben hier eine vergleichsweise geringe Bedeutung dieses Gremiums für die eigene Person an. Dieser Befund muss einhergehend mit den beobachtbaren ausgeprägten Ansprüchen an Betriebsratsarbeit für die Interessen der Führungskräfte beziehungsweise des AT-Bereiches interpretiert werden. Offensichtlich manifestieren sich in der recht geringen Bedeutung des Gremiums für die eigene Person auch Enttäuschungserfahrungen. Eine stärkere Ausrichtung der Betriebsratsarbeit auf AT-typische Themenstellungen könnte diese Bewertung sicherlich positiv beeinflussen, denn gerade die nicht-leitenden Führungskräfte definieren sich selbst als abhängig beschäftigte Arbeitnehmer und begrüßen die kollektive Interessenvertretung in ihren Grundsätzen.

Interessanterweise wird dass Gremium Sprecherausschuss von den nicht-leitenden AT-Beschäftigten durchschnittlich für die eigene Person nur als unwesentlich weniger bedeutend angesehen als die Betriebsräte. Hierin manifestiert sich ein weiterer wichtiger Aspekt der Arbeitsorientierungen von Führungskräften: Es wird eine starke Trennung zwischen dem eigenen Führungskräftebereich und den Belegschaften wahrgenommen. Zugleich ist aber auch die Unterscheidung zwischen leitenden und nicht-leitenden außertariflichen Angestellten als in der Wahrnehmung der Befragten wichtig und einflussreich.

Arbeitsorientierungen und Partizipationsorientierungen

Wie die Studie zeigen konnte, erfasst die Differenzierung nach dem formalen Status (leitende und nicht-leitende Führungskräfte) allerdings nur einen kleinen Teil der Vielfalt an Arbeits- und Partizipationsorientierungen. Von herausragender, prägender Bedeutung für das Erleben der Arbeitssituation und für die Einschätzung von betrieblicher Mitbestimmung sind die analysierten Muster von Arbeitsorientierungen der Führungskräfte. So existieren auch signifikante Korrelationen zwischen den vier typischen Arbeitsorientierungen der Führungskräfte und ihrer Haltung zu den Gremien der Mitbestimmung.

Besonders die marktorientierten Führungskräfte fühlen sich weder durch den Betriebsrat, noch durch den Sprecherausschuss gut vertreten; hier ist die individuelle Wahrnehmung und die faktische Interessenvertretung im Rahmen der Befragung kaum eindeutig voneinander zu trennen. Wie beim Henne-oder-Ei-Problem bleibt unklar, ob sich die marktbezogenen Führungskräfte aufgrund der eigenen Präferenzstrukturen eher durch individuelle Verhandlungsstrategien von den Gremien Betriebsrat und Sprecherausschuss entfernt haben und diese deshalb als für sie nicht relevant wahrnehmen, oder ob umgekehrt ihre marktbezogenen Arbeitsorientierungen ein Ergebnis der tatsächlichen Nichtberücksichtigung durch die Gremien kollektiver Vertretung sind. Deutlich wurde jedoch, dass Führungskräfte mit unterschiedlichen Arbeitsorientierungen auch ihre Situation in der betrieblichen Mitbestimmung verschieden beurteilen. Gerade Netzwerk- und Organisationsorientierte sehen ihre persönliche Stellung hier positiver, beziehungsweise haben andere Ansprüche an ihre betriebliche Interessenvertretung.

Im Rahmen der Befragung wurde auch sehr differenziert die tatsächlich praktizierte und die präferierte Form der Interessenvertretung erhoben. Hierbei zeigte sich als genereller Trend, dass nach Meinung der Befragten die Geschäftsführung einen zu großen Umfang an Themenbereichen dominiert. Durchgehend wünschen und erwarten die Befragten eine stärkere Einbeziehung sowohl der Betriebsräte als auch der Sprecherausschüsse. Zwischen nicht-leitenden außertariflichen und leitenden Angestellten zeigen sich hier im Einzelfall durchaus etwas unterschiedliche Muster. Generell aber kann aus Sicht der Befragten in keiner Weise von einem Zuviel an Partizipation und Mitbestimmung in den Betrieben die Rede sein. Vielmehr sind die betriebsverfassungsrechtlichen Institutionen der Mitbestimmung fest als legitime Mechanismen der kollektiven Interessenregulierung für die Beschäftigten anerkannt und werden besonders von den nicht-leitenden AT-Angestellten auch als optionale Interessenvertretungsorgane für sich selbst reklamiert. Gleichzeitig genießen die Sprecherausschüsse und auch die VAA-Werksgruppen ein hohes Zustimmungsniveau. Die Erwartungen an andere Vertretungsorgane, die in jüngeren Studien eine beachtliche Aufmerksamkeit erfuhren (vgl. Hauser-Ditz et al. 2008) sind nicht als durchgehendes Muster identifizierbar, spielen punktuell aber durchaus eine nicht unbedeutende Rolle. Durchgehend zeigen die vier Typen der Führungskräfte nicht nur im Hinblick auf ihre Arbeitsorientierungen, sondern auch bezogen auf die präferierten Formen der Interessenregulierung deutliche Unterschiede. Organisationsorientierte Führungskräfte erwarten eine stärkere Beteiligung der Geschäftsführung. marktlich orientierte Führungskräfte wünschen eine Schwächung der Geschäftsführungen.

7.2 Wissenschaftliche und arbeitspolitische Schlussfolgerungen

Zusammengefasst zeigt sich ein durchaus klares Bild: Die tiefgreifenden Umbrüche der Wirtschaft sind längst auch bei den Führungskräften angekommen. Sie unterliegen ähnlich wie andere Beschäftigtengruppen einer zunehmenden Aufgabenlast und vielfältigen Flexibilitätsanforderungen. Unsicherheiten und Unwägbarkeiten im Hinblick auf betriebliche Karrieren und Beschäftigungsstabilität nehmen auch für den Bereich der Führungskräfte zu. Allerdings treffen diese Veränderungen in der chemischen Industrie in Deutschland auf ein noch völlig intaktes System kollektiver Interessenregulierung durch die betriebliche Mitbestimmung und die Sprecherausschüsse. Obwohl partiell selbst Teil der Geschäftsführungen oder ihnen recht nahe stehend, sind die Beurteilungen der Führungskräfte im Hinblick auf die Geschäftsführungen und deren Kompetenzen eher kritisch. Als genereller Trend lässt sich der Wunsch nach mehr Partizipation und Dezentralisierung von Entscheidungsbefugnissen fest machen. Dabei zeigen die Untersuchungsbefunde in all ihrer Differenzierung und Komplexität wieder einmal, dass die Führungskräfte in keine einfache Schublade passen. Auf keinen Fall lassen sie sich als kritiklose Vollzugsorgane der Geschäftsleitungen interpretieren. Eher sind sie eine kritische Schicht von Leistungsträgern, die erweiterte Partizipationsansprüche vor allem für die operativen Arbeitsprozesse erwarten. Hierbei wird häufig an die Beteiligung im unmittelbaren Arbeitsbereich gedacht.

Schlussfolgerungen für sozialwissenschaftliche Führungskräfteforschung

Im Hinblick auf die sozialwissenschaftliche Angestellten- und Führungskräfteforschung ergeben sich aus der Studie einige interessante Lehren. Zunächst hat sich das Vorgehen als fruchtbar und zielführend erwiesen, bei der Verdichtung der empirischen Befunde durch Typenbildung – dies ist ein in den Sozialwissenschaften allgemein sehr verbreitetes Verfahren – die dabei vollzogenen Schritte im Einzelnen zu reflektieren und zu explizieren. Nicht selten tauchen bestimmte Typen in empirischen Studien gleichsam wie ein »deus ex machina« auf. Die Forscher entwickeln ihre Fraugestellungen, erläutern die Anzahl der durchgeführten Fallstudien und benennen die Gesamtzahl der durchgeführten Interviews, und dann tauchen mehr oder weniger unvermittelt bestimmte Typen auf, ohne dass der Leser nachvollziehen kann, wie es zu dieser Materialverdichtung und -strukturierung kam.

Es finden sich in den vorliegenden und in Kapitel 2 ausführlicher besprochenen Untersuchungen nur wenige Hinweise auf die spezifischen Methoden der Typenbildung. Denn auch bei den Formen der sozialwissenschaftlichen Typenbildung gibt es unterschiedlichen »Typen« (Pries 1997a). So wird in den zitierten Studien meistens (soweit erkennbar zum Beispiel bei Kern/Schumann 1980; Kotthoff 1997; Kotthoff/Wagner 2008; Baethge et al. 1980; Baethge/Oberbeck 1986) ein induktives Vorgehen gewählt, das heißt, die Forscher gewinnen ihre Typen durch intensive Analyse und Verdichtung *nach* der Datenerhebung und ohne ein *ex ante* entwickeltes Kategoriengerüst oder Analyseschema. Nur bei wenigen Studien sind solche zu Beginn des Forschungsprozesses aus theoretisch-analytischen Überlegungen heraus entwickelten Begriffsbezüge erkennbar (so beispielsweise bei Baethge 1995; Lengfeld 2003).

Nun haben sich seit den 1990er Jahren gerade für die vornehmlich an qualitativen Methoden ausgerichtete Sozialforschung ganz erhebliche Wieterentwicklungen des Kenntnisstandes ergeben. So liegen zum Beispiel zu den epistemologischen und methodischen Fragen der Typenbildung inzwischen recht gute Übersichtsartikel und Monographien vor (beispielsweise Haupert 1991; Kluge/Kelle 2001). Auch die Methoden der Text- und Diskursanalyse sind wesentlich weiter entwickelt worden, sodass zum Beispiel biographische und Experteninterviews heute besser methodisch kontrolliert ausgewertet werden können (beispielsweise Keller 2007).

In der hier vorgelegten Studie wurde ein kombiniertes Verfahren angewendet. Aus theoretischen, institutionensoziologischen Überlegungen heraus waren bereits zu Beginn des Forschungsprozesses Idealtypen von Arbeitsorientierungen der Führungskräfte entwickelt worden. Vor dem Hintergrund der vorliegenden Literatur war die empirische Messung dieser Idealtypen in einigen einfachen Fragen operationalisiert worden, die nach entsprechenden Pre-Tests in den Fragebogen der Hauptdatenerhebung integriert wurden. Somit war eine »starke Hypothese« über die Verteilung und Clusterung der Arbeitsorientierungen von Führungskräften bereits in den Prozess der Datenerhebung eingebaut worden. Diese forschungsleitende Annahme konnte dann in mehrfacher Hinsicht überprüft werden. Zunächst wurde überprüft in wie viele Cluster die erhobenen Daten sinnvoll »sortiert« werden können und wie diese inhaltlich ausgerichtet sind.

Dabei ergab sich eine stabile und vergleichsweise trennscharfe Gliederung des Antwortverhaltens der befragten Führungskräfte nach den theoretisch vorhergesagten institutionellen Arbeitsorientierungen (marktorientiert, berufsorientiert, organisationsorientiert, netzwerkorientiert). In weiteren Schritten wurde die »Erklärungsmächtigkeit« dieser Typologie in vielfältigen Korrelations- und Regressionsrechnungen für verschiedene Aspekte (wie zum Beispiel die personenbezogenen Merkmale, die Arbeitssituation, die Partizipationsorientierungen) weiter überprüft. Zukünftige Forschungen und Datenauswertungen können die Angemessenheit dieser wie auch der anderen im Kapitel 2 vorgestellten Typologien zu den Arbeits- und Partizipationsorientierungen von Führungskräften empirisch überprüfen. In jedem Falle sollten Typenbildungen in sozialwissenschaftlichen Angestellten- und Führungskräftestudien zukünftig wesentlich expliziter vorgestellt, begründet und im methodischen Vorgehen dokumentiert werden, als dies lange Zeit der Fall war.

Hinweise für die Arbeitspolitik der Akteursgruppen

Aus der vorgelegten Studie ergeben sich abschließend auch einige arbeitspolitische Konsequenzen. Führungskräfte wurden in sozialwissenschaftlichen Studien häufig im Hinblick auf ihre Bereitschaft zu kollektiver Organisation (beispielsweise in Gewerkschaften) und zu kollektiver Aktion (zum Beispiel im Rahmen sozialer Bewegungen) untersucht. In der soziologischen Angestelltenforschung herrschte dabei ein materialistischer Grundtenor vor: Aus der Analyse der »objektiven« Arbeitssituation und deren Veränderungen (beispielshalber in Richtung Prekarisierung oder Autonomieeinschränkung oder -erweiterung) sollten sich dabei Voraussagen über die möglichen »subjektiven« Reaktionsweisen und Handlungsformen der Führungskräfte ergeben. Die dabei implizit zugrunde liegende (meistens einer marxistischen Tradition verpflichteten) Annahme »das Sein bestimmt das Bewusstsein« war und ist (seit eigentlich mehr als hundert Jahren) unterkomplex.

Handlungsorientierungen und -strategien ergeben sich immer aus Normen- und Werteorientierungen und auch aus wahrgenommenen Handlungsgelegenheiten im Sinne des Thomas-Theorems: »If men define situations as real, they are real in their consequences« (Thomas/Thomas 1928: 528). Für menschliche Akteure existieren »objektive Situationen« immer nur in Form der wahrgenommenen sozial konstruierten Welt. Wie die Datenauswertungen (und zum Beispiel auch die Arbeiten von Lengfeld 2003) zeigten, werden zum Beispiel die Arbeitsorientierungen der befragten Führungskräfte unter anderem auch durch die direkt oder mittelbar erfahrenen Veränderungen im Unternehmen geprägt – diese Veränderungen werden aber jeweils nach dem Typus der Arbeitsorientierungen sehr unterschiedlich verarbeitetet. Ähnlich dynamisch und dialektisch gestaltet sich das Verhältnis von Arbeits- und Partizipationsorientierungen (für sich selbst und die anderen Gruppen).

Diese Schlussfolgerungen aus der Studie im Hinblick auf die Wechselwirkungen zwischen Arbeits- und Beschäftigungsbedingungen, Arbeitsorientierungen, allgemeinen Mitbestimmungsorientierungen und spezifischen eigenen Partizipationserwartungen sind für die arbeitspolitischen Akteursgruppen von unmittelbarer Bedeutung. Sie unterstreichen vor allem deren *Strategiefähigkeit*: Es gibt keine einfachen »Sachzwänge« oder »objektiven Veränderungstendenzen«, aus denen heraus sich arbeitspolitische Handlungsanleitungen gleichsam »ableiten« ließen. Vielmehr sind die kollektiven Akteure selbst in den Prozess der Wirklichkeitsdeutung und -definition eingebunden. Sie können und müssen selbst für sich festlegen, wohin die Reise gehen soll.

Hierbei zeigte sich für die untersuchte Gruppe der Führungskräfte in der chemischen Industrie sehr deutlich, dass sie an den institutionalisierten Basisstrukturen der betrieblichen Interessenregulierung und Mitbestimmung keine Änderungen für notwendig halten. Für sie sind der Betriebsrat für die abhängig Beschäftigten und der Sprecherausschuss für die leitenden Angestellten die etablierten Organe der Interessenvertretung. Auch der VAA und die Werksgruppen genießen ein sehr hohes Maß an Zustimmung und Unterstützung als Interessen- und Berufsverband für die besonderen Belange der außertariflichen (leitenden und nicht-leitenden) Angestellten.

Obwohl das Thema »Anderer Vertretungsorgane« in den letzten Jahren vielfältige Aufmerksamkeit erfahren hat, sind diese für die befragten Führungskräfte keine wirkliche Option. Bei allen Fragen bezüglich der wahrgenommenen und der gewünschten Zuständigkeiten für die Interessenregulierung wurden die institutionalisierten Organe Betriebsrat und Sprecherausschuss sowie die eigenverbandliche Organisation von VAA und seinen Werksgruppen durchgehend an erster Stelle genannt. Bei allen Fragen im Hinblick auf gewünschte Veränderungen in der Partizipation an operativen und strategischen Entscheidungen im Unternehmen wird eher eine verstärkte Kooperation zwischen Betriebsräten und Sprecherausschüssen als die Bildung neuer Vertretungsorgane erwartet.

Diese Ergebnisse sind im Hinblick auf die Frage nach stärkerer Segmentierung oder Kooperation bei der Interessenregulierung zwischen Führungskräften und den anderen Teilen der Belegschaften recht eindeutig: Nicht eine Verschmelzung oder ein konturloses Zusammengehen wird erwartet – denn die Führungskräfte sehen sehr deutlich ihre besondere Situation im Spannungsfeld zwischen Belegschaft und Eigentümervertretern – wohl aber eine konfliktfähige Kooperation. Diese festgestellte Grunderwartung kann auch für die Beantwortung der Frage genutzt werden, wie der VAA als Verband der Führungskräfte in der chemischen Industrie seine Haltung zu den DGB-Gewerkschaften und konkret zur IG BCE gestalten sollte.

In den letzten Jahren haben mehrere neue oder reaktivierte Interessenverbände und Spartengewerkschaften ihre Aktivitäten ausgeweitet und sehr viel öffentliche Aufmerksamkeit erfahren. Die traditionellen gewerkschaftlichen Großorganisationen waren aufgrund zahlreicher Fusionen und neuer Herausforderungen der Wissensgesellschaft aus der Sicht vieler Gruppen hochqualifizierter Beschäftigter noch weniger in der Lage, auf die spezifischen Belange etwa von Flugzeugführern, Ärzten oder Lokführern einzugehen. Den DGB-Gewerkschaften grundsätzlich misstrauisch gegenüberstehende Verbandsvertreter der Arbeitgeberseite sahen die Gunst der Stunde für gekommen, durch eine »Pluralisierung« der Gewerkschaftsstruktur vor allem die DGB-Gewerkschaften zu schwächen. Langsam wird jedoch – nach einigen zugespitzten Arbeitskonflikten – auch den »Pluralisierungsideologen« die grundsätzlich positive Wirkung von Einheitsgewerkschaften für Interessenausgleich und Konfliktregulierung deutlicher. Der VAA ist ein traditionsreicher und in der chemischen Industrie anerkannter stabiler Interessenverband für die Führungskräfte. Ähnliches gilt für die IG BCE für den Bereich der abhängig Beschäftigten insgesamt. Auch hier legen die Ergebnisse der Führungskräftebefragung nahe, dass eine Politik der konfliktfähigen Kooperation am ehesten den Erwartungen der VAA-Mitglieder entspricht.

Abbildungsverzeichnis

Tabellenverzeichnis

Abkürzungen

AT	Außertariflich, nicht-leitende AT-Angestellte
AIC	Akaike's Information Criterion
AVO	Andere Vertretungsorgane
BAVC	Bundesarbeitgeberverband Chemie
BetrVG	Betriebsverfassungsgesetz
BISS	Betriebliche Interessenregulierung in Deutschland – Survey und Strukturanalyse
DeChema	Gesellschaft für Chemische Technik und Biotechnologie e.V.
DGB	Deutscher Gewerkschaftsbund
exp(b)	Effektkoeffizient von b
FH	Fachhochschule
GDCh	Gesellschaft Deutscher Chemiker e.V.
HQA	Hochqualifizierte Angestellte
IAB	Institut für Arbeitsmarkt und Berufsforschung der Bundesagentur für Arbeit
IG BCE	Industriegewerkschaft Bergbau, Chemie, Energie
LA	Leitende Angestellte
n	Anzahl, Stichprobengröße
N	Anzahl, Grundgesamtheit
P	Wahrscheinlichkeit
SprAuG	Gesetz über Sprecherausschüsse der leitenden Angestellten
TU	Technische Universität
ULA	Deutscher Führungskräfteverband
VAA	Verband Angestellter Akademiker und leitender Angestellter der Chemischen Industrie e.V.

VCI	Verband der Chemischen Industrie e.V.
WSI	Wirtschafts- und Sozialwissenschaftliches Institut der Hans-Böckler-Stiftung

Literatur

Abel, Jörg; Pries, Ludger (2003): *Grenzen der Entgrenzung von Arbeit – Notwendigkeit einer Neuformierung der Arbeitsforschung: Wandel der Formen von Erwerbsregulierung.* EAP-Diskussionspapier 11. Beitrag zum Projektworkshop 6.–7. 2003. Online verfügbar unter http://www.forba.at/data/downloads/file/78-EAP%20 Diskussionspapier%2011%20Abel%20und%20Pries.pdf, zuletzt geprüft am 27.03.2009.

— Ittermann, Peter; Pries, Ludger (2005): »Erwerbsregulierung in hochqualifizierter Wissensarbeit: individuell und kollektiv, diskursiv und partizipativ«. In: *Industrielle Beziehungen*, Jg. 12, H. 1, S. 28–50.

Artus, Ingrid; Böhm, Sabine; Lücking, Stefan, Trinczek, Rainer (Hg.) (2006): *Betriebe ohne Betriebsrat. Informelle Interessenvertretung in Unternehmen.* Frankfurt am Main.

Backhaus, Klaus; Erichson, Bernd; Plinke, Wulff; Weiber, Rolf (2006): *Multivariate Analysemethoden. Eine anwendungsorientierte Einführung.* 11., überarbeitete Auflage. Berlin.

Baethge, Martin; Denkinger, Joachim; Kadritzke, Ulf (1995): *Das Führungskräfte-Dilemma: Manager und industrielle Experten zwischen Unternehmen und Lebenswelt.* Frankfurt am Main.

— Oberbeck, Herbert (1986): *Zukunft der Angestellten. Neue Technologien uund berufliche Perspektiven in Büro und Verwaltung.* Frankfurt am Main.

— Gerstenberger, Friedrich; Oberbeck, Herbert; Schlösser, Manfred; Seltz, Rüdiger (1980): *Bildungsexpansion und Beschäftigungslage von Angestellten: Entwicklungstendenzen von Ausbildungs- und Beschäftigungsstrukturen im kaufmännisch-verwaltenden Angestelltenbereich unter den Bedingungen eines erhöhten Angebots an Absolventen wieterführender Bildungseinrichtungen und fortschreitender Rationalisierung; Zwischenbericht.* Göttingen.

Bacher, Johann (2002): *Clusteranalyse. Anwendungsorientierte Einführung*, München.

Barth, Hans; Berger, Roland; Böhm, Hans; Glotz, Peter; Kleinhenz, Gerhard; Mosdorf, Siegmar; Oetker, Arend; Thielen, Gunter (2002): *Neue Strategien gegen den Fachkräftemangel. Memorandum.* Gütersloh.

BAVC (2004): »Führungskräfte-Strukturerhebung: Höhere Akademikerquote.« In: *Informationsbrief*, H. 12, S. 4–6.

— (2007): »BAVC-Langzeitstudie. Trend zu höher qualifizierten Arbeitsplätzen«. In: *Informationsbrief* 8/2007. Online verfügbar unter http://bavc.de/internet/

bavc/bavc_public.nsf/0/41256CC000445A05C1257332003012CC/$file/BAV C-Langzeitstudie.pdf, zuletzt geprüft am 02.04.2008.

— (2008): »Höhere Akademiker-Quote. Führungskräfte-Strukturerhebung 2007«. In: *Informationsbrief*, H. 7, S. 5–7. Online verfügbar unter http://www.bavc.de/internet/bavc/bavc_public.nsf/0/41256CC000445A05C1257487003744A3/$file/IB_07_08_Akademiker-Quote.pdf, zuletzt geprüft am 28.07.2008.

— Institut der Deutschen Wirtschaft Köln (2005): Indikatoren zur Wettbewerbsfähigkeit der deutschen chemischen Industrie. Wiesbaden.

Beck, Ulrich; Brater, Michael; Daheim, Hansjürgen (1980): *Soziologie der Arbeit und der Berufe. Grundlagen, Problemfelder, Forschungsergebnisse.* Reinbek bei Hamburg.

Bispinck, Reinhard; Dribbusch, Heiner (2008): »Tarifkonkurrenz der Gewerkschaften zwischen Über- und Unterbietung« In: *Sozialer Fortschritt*, H. 6, S. 153–163.

Böckler Impuls (2007): Investition gegen Fachkräftemangel. In: *Böckler Impuls*, H. 11/2007, S.1.

Boes, Andreas; Trinks, Katrin (2006): *»Theoretisch bin ich frei!«. Interessenhandeln und Mitbestimmung in der IT-Industrie.* Berlin.

— Kämpf, Tobias (2008): Hochqualifizierte in einer globalisierten Arbeitswelt: Von der Erosion der »Beitragsorientierung« zu neuen Arbeitnehmeridentitäten. In: *Arbeits- und Industriesoziologische Studien*, Jg. 1, H. 2, S. 44–67.

Bolte, Karl Martin; Treutner, Erhard (1983): *Subjektorientierte Arbeits- und Berufssoziologie.* Frankfurt amMain.

Briken, Kendra (1999): »Nicht nur die Chemie muß stimmen. Eine Untersuchung zur betrieblichen Restrukturierung in der Chemischen Industrie«. In: *SOFI-Mitteilungen*, Jg. 1999, H. 27, S. 83–97.

— (2004): *Perspektiven von Arbeit in der Chemischen Industrie Prozessorganisation und Arbeitsgestaltung am Beispiel eines Reorganisationsprojekts.* Dissertation. Göttingen. Georg-August-Universität Göttingen, Sozialwissenschaftliche Fakultät. Online verfügbar unter http://webdoc.sub.gwdg.de/diss/2004/briken/index.html, zuletzt geprüft am 27.03.2009.

Buttler, Günter (2004): Clusteranalyse. In: Voß, Werner; Buttler, Günter (Hg.), *Taschenbuch der Statistik.* 2., verb. Aufl., München, S. 565–581.

Deutschmann, Christoph (2001): »Führungskräfte der Wirtschaft. Entzauberung einer Elite?« In: Abel, Jörg; Sperling, Hans Joachim; Müller-Jentsch, Walther (Hg.), *Umbrüche und Kontinuitäten. Perspektiven nationaler und internationaler Arbeitsbeziehungen; Walther Müller-Jentsch zum 65. Geburtstag.* München, S. 69–82.

Dillman, Don A. (2007): *Mail and internet surveys. The tailored design method,* 2. durchges. und erw. Aufl., Hoboken, NJ.

Ellguth, Peter (2006): Betriebe ohne Betriebsrat – Verbreitung, Entwicklung und Charakteristika – unter Berücksichtigung betriebsspezifischer Formen der Mitarbeitervertretung. In: Artus, Ingrid; Böhm, Sabine; Lücking, Stefan, et al. (Hg.), *Betriebe ohne Betriebsrat. Informelle Interessenvertretung in Unternehmen.* Frankfurt am Main.

— Kohaut, Susanne (2008): Tarifbindung und betriebliche Interessenvertretung: Aktuelle Ergebnisse aus dem IAB-Betriebspanel 2007. In: *WSI-Mitteilungen*, Jg. 61, H. 9, S. 515–519.

Erlinghagen, Marcel (2006): *Erstarrung, Beschleunigung, Polarisierung? Arbeitsmarktmobilität und Beschäftigungsstabilität im Zeitverlauf: Neue Ergebnisse mit der IABBeschäftigtenstichprobe.* Gelsenkirchen (Graue Reihe des Instituts für Arbeit und Technik, 2006-01).

Fahrmeir, Ludwig; Kneib, Thomas; Lang, Stefan (2007): *Regression. Modelle, Methoden und Anwendungen.* Berlin.

Faust, Michael (2002): »Karrieremuster von Führungskräften der Wirtschaft im Wandel – Der Fall Deutschland in vergleichender Perspektive«. In: *SOFI-Mitteilungen*, H. 30, S. 69–90.

— Jauch, Peter; Notz, Petra (2000): *Befreit und entwurzelt. Führungskräfte auf dem Weg zum »internen Unternehmer«.* München.

Frick, Bernd; Bellmann, Lutz; Frick, Joachim (2000): »Betriebliche Zusatzleistungen in der Bundesrepublik Deutschland: Verbreitung und Effizienzfolgen.« In: Zeitschrift *Führung + Organisation*, Jg. 69, H. 2, S. 83–91.

Glänzer, Edeltraud (2008): *Begrüßung zur Tagung »Hochqualifizierte Angestellte: Zwischen erhöhten Anforderungen und verminderten Berufsperspektiven«.* Veranstaltung vom 18/19.06.2008. Düsseldorf. Veranstalter: Hans-Böckler-Stiftung; IG BCE. Online verfügbar unter http://www.igbce.de, zuletzt geprüft am 11.08.2008.

— (2008a): *Schlußwort/Fazit zur Tagung »Hochqualifizierte Angestellte: Zwischen erhöhten Anforderungen und verminderten Berufsperspektiven«.* Veranstaltung vom 19.06.2008. Düsseldorf. Veranstalter: Hans-Böckler-Stiftung; IG BCE. Online verfügbar unter http://www.igbce.de, zuletzt geprüft am 11.08.2008.

Halkidi, Maria; Batistakis, Yannis; Vazirgiannis, Michalis (2002): »Clustering Validity Checking Methods: Part II«, *SIGMOD Record*, Jg. 31, H. 3.

Harrel, Jr, Frank E. (2001): *Regression modeling strategies: with applications to linear models, logistic regression, and survival analysis*, New York.

Hartmann, Michael (2002): *Der Mythos von den Leistungseliten. Spitzenkarrieren und soziale Herkunft in Wirtschaft, Politik, Justiz und Wissenschaft.* Frankfurt am Main.

Hastie, Trevor J. (1992): »Generalized additive models.« In: Chambers, John M.; Hastie, Trevor J. (Hg.), *Statistical models in S.* Belmont, Calif., S. 249–308.

Haupert, Bernhard (1991): »Vom narrativen Interview zur biographischen Typenbildung. Ein Auswertungsverfahren, dargestellt am Beispiel eines Projekts zur Jugendarbeitslosigkeit«. In: Garz, Detlef; Kraimer, Klaus (Hg), *Qualitativ-empirische Sozialforschung*, Opladen, S. 213–254.

Hauser-Ditz, Axel; Hertwig, Markus; Pries, Ludger (2008): *Betriebliche Interessenregulierung in Deutschland. Arbeitnehmervertretung zwischen demokratischer Teilhabe und ökonomischer Effizienz.* Frankfurt am Main.

Heisig, Ulrich; Ludwig, Thorsten (2004): *Regulierte Selbstorganisation. Arbeitssituationen und Arbeitsorientierungen von Wissensarbeitern in einem High-Tech-Unternehmen.* Bremen.

Hennig, Christian (2006): »Dissolution point and isolation robustness – robustness criteria for general cluster analysis methods«, Research report no. 272, *Department of Statistical Science*, University College London.

— (2007): »Clusterwise assessment of cluster stability«, *Computational Statistics and Data Analysis*, Jg. 52, S. 258–271.

— (2007a): fpc: Fixed point clusters, clusterwise regression and discriminant plots. R package version 1.2-3. Online verfügbar unter: http://www.homepages.ucl.ac.uk/~ucakche/, zuletzt geprüft am 27.03.2009.

IG BCE (2007a): *Führungskräfte und Außertarifliche Angestellte im Wandel der Firmenkultur.* Online verfügbar unter http://igbce.de/, zuletzt geprüft am 06.08.2008.

— (2007b): *Hochqualifizierte Angestellte und Gewerkschaften.* IG BCE. Online verfügbar unter http://www.igbce.de, zuletzt geprüft am 31.03.2008.

Ittermann, Peter; Niewerth, Claudia (2004): *»Bleibt alles anders?« – Organisations- und Beteiligungsstrukturen in der digitalen Wirtschaft. Ergebnisse einer repräsentativen Befragung.* Bochum (SOAPS-Papers, 3).

— (2007): *Beschäftigtenpartizipation in den Neue Medien-Unternehmen. Betriebliche Sozialordnungen und Beteiligungsstrukturen bei hochqualifizierter Wissensarbeit.* Unveröffentlichtes Manuskript. Bochum. Ruhr-Universität Bochum.

— (2009): *Betriebliche Partizipation in Unternehmen der Neuen Medien. Innovative Formen der Beteiligung auf dem Prüfstand.* Frankfurt am Main.

Janssen, Jürgen; Laatz, Wilfried (2003): *Statistische Datenanalyse mit SPSS für Windows*, 4., neubearbeitete und erweiterte Auflage. Berlin.

Jürgens, Ulrich (1984): »Die Entwicklung von Macht, Herrschaft und Kontrolle im Betrieb als politischer Prozeß – eine Problemskizze zur Arbeitspolitik.« In: Jürgens, Ulrich; Naschold, Frieder; Jürgens-Naschold (Hg.), *Arbeitspolitik. Materialien zum Zusammenhang von politischer Macht, Kontrolle und betrieblicher Organisation der Arbeit.* Opladen.

— Lippert, Inge (2005): *Kommunikation und Wissen im Aufsichtsrat: Voraussetzungen und Kriterien guter Aufsichtsratsarbeit aus der Perspektive leitender Angestellter.* Berlin.

Kadritzke, Ulf (1975): *Angestellte, die geduldigen Arbeiter. Zur Soziologie und sozialen Bewegung der Angestellten.* Frankfurt am Main.

— (2004): White-Collar Blues. Über Angestellte im modernen und im neuesten Kapitalismus. In: Artus, Ingrid; Trinczek, Rainer (Hg.), *Über Arbeit, Interessen und andere Dinge.* München, S. 101–121.

Kaufmann, Leonard; Rousseeuw, Peter J. (1990): *Finding Groups in Data – An Introduction to Cluster Analysis.* New York.

Kern, Horst; Schumann, Michael (1970): *Industriearbeit und Arbeiterbewußtsein. Eine empirische Untersuchung über den Einfluß der aktuellen technischen Entwicklung auf die industrielle Arbeit und das Arbeiterbewußtsein.* Frankfurt am Main.

Keller, Reiner (2007): *Diskursforschung. Eine Einführung für SozialwissenschaftlerInnen.* Wiesbaden.

Kluge, Susann; Kelle, Udo (Hg.) (2001): *Methodeninnovation in der Lebenslaufforschung. Integration qualitativer und quantitativer Verfahren in der Lebenslauf- und Biographieforschung.* Weinheim.

Koppel, Oliver (2008): *Nicht besetzbare Stellen für beruflich Hochqualifizierte in Deutschland – Ausmaß und Wertschöpfungsverluste.* (IW-Trends, 1). Online verfügbar unter http://www.iwkoeln.de/Portals/0/pdf/trends01_08_5.pdf, zuletzt geprüft am 11.08.2008.

Kotthoff, Hermann (1997): *Führungskräfte im Wandel der Firmenkultur. Quasi-Unternehmer oder Arbeitnehmer?* Berlin.

— (2008): *Betriebliche Aufstiegschancen und -risiken Hochqualifizierter.* Vortrag auf einer Veranstaltung vom 18.06.2008. Düsseldorf. Veranstalter: Hans-Böckler-Stiftung; IG BCE. Online verfügbar unter http://www.igbce.de, zuletzt geprüft am 19.06.2008.

— Wagner, Alexandra (2008): *Die Leistungsträger. Führungskräfte im Wandel der Firmenkultur – eine Follow-up-Studie.* Berlin.

Kronisch, Gerhard (2001): »Der Sitz zwischen den Stühlen?« In: *Arbeit und Arbeitsrecht*, H. 11, S. 484–487.

Kudera, Werner; Ruff, Konrad; Schmid, Rudolf; Wentzke, Theodor (1979): *Betriebliche Rationalisierung und Angestellte. Eine Umfrage unter Betriebsräten der bayerischen Metallindustrie.* Köln.

— Ruff, Konrad; Schmidt, Rudolf (1983): Blue collar – white collar: grey collar? Zum sozialen Habitus von Arbeitern und Angestellten in der Industrie. In: *Soziale Welt*, Jg. 34, S. 201–227.

Kurucz, Jenö (1972): *Das Selbstverständnis von Naturwissenschaftlern in der Industrie. Ergebnisse einer Befragung promovierter Industriechemiker.* Weinheim an der Bergstraße.

Lange, Helmuth; Feseker, Klaus; Städler, André (2005): *Interessenregulierung in der New Economy.* Projektbericht. Bremen.

Lengfeld, Holger (2003): *Mitbestimmung und Gerechtigkeit. Zur moralischen Grundstruktur betrieblicher Verhandlungen.* München.

Liebold, Renate (2001): *»Meine Frau managt das ganze Leben zu Hause …« Partnerschaft und Familie aus der Sicht männlicher Führungskräfte.* 1. Aufl. Wiesbaden.

Lippert, Inge; Jürgens, Ulrich (2005): »Leitende Angestellte im Informations- und Wissenssystem ›Aufsichtsrat‹«. In: *Industrielle Beziehungen*, Jg. 12, H. 3, S. 280–305.

Mayer-Ajuha, Nicole; Feuerstein, Patrick (2008): Kommentar zum Artikel »Hochqualifizierte in einer globalen Arbeitswelt: Von der Erosion der ›Beitragsorientierung‹ zu neuen Arbeitnehmeridentitäten« von Andreas Boes und Tobias Kämpf. In: *Arbeits- und Industriesoziologische Studien*, Jg. 1, H. 2, S. 68–71.

Meyer, John P.; Allen, Natalie Jean (1991): »A three-component conceptualisation of organizational commitment.« In: *Human Resource Management Review*, Jg. 1, H. 1, S. 61–89.

— Allen, Natalie Jean (1997): *Commitment in the workplace. Theory, research, and application.* [Nachdr.]. Thousand Oaks, Calif.

— Stanley, David J.; Herscovitch, Lynne; Topolnytsky, Laryssa (2002): »Affective, Continuance, and Normative Commitment to the Organization: A Meta-analysis of Antecedents, Correlates, and Consequences«. In: *Journal of Vocational Behavior*, Jg. 61, S. 20–52.

Mills, Charles Wright (1955): *Menschen im Büro. Ein Beitrag zur Soziologie der Angestellten.* Köln-Deutz.

Müller-Jentsch, Walther (1997): *Soziologie der industriellen Beziehungen. Eine Einführung.* 2., überarb. und erw. Aufl. Frankfurt am Main.

Offe, Claus (1977): *Leistungsprinzip und industrielle Arbeit. Mechanismen der Statusverteilung in Arbeitsorganisationen der industriellen »Leistungsgesellschaft«.* 5. Aufl. Frankfurt am Main.

— (1985): »Angestellte – die »anderen« Arbeitnehmer«. In: *Gewerkschaftliche Monatshefte*, H. 10, S. 583–597. Online verfügbar unter http://library.fes.de/ gmh/ main/pdf-files/gmh/1985/1985-10-a-583.pdf, zuletzt geprüft am 07.07.2008.

Pongratz, Hans J.; Voss, G. Günter (2004): »Erlebniserwartungen und Sicherheitsbedürfnisse von Beschäftigten in Gruppen- und Projektarbeit.« In: Pongratz, Hans J.; Voss, G. Günter (Hg.), *Typisch Arbeitskraftunternehmer? Befunde der empirischen Arbeitsforschung.* Berlin, S. 209–227.

Popitz, Heinrich; Bahrdt, Hans Paul; Jüres, Ernst August; Kesting, Hanno, 1957: *Das Gesellschaftsbild des Arbeiters.* Tübingen.

Pries, Ludger (1997): *Wege und Visionen von Erwerbsarbeit. Erwerbsverläufe und Arbeitsorientierungen abhängig und selbständig Beschäftigter in Mexiko.* Frankfurt am Main.

— (2005): *Kräftefelder der Strukturierung und Regulierung von Erwerbsarbeit.* Bochum (SOAPS-Papers, 1).

— Hauser-Ditz, Axel; Hertwig, Markus (2006): »Im Schatten der Betriebsverfassung«. In: *Die Mitbestimmung*, H. 4, S. 21–26.

Provost, Foster; Domingos, Pedro (2003): »Tree Induction for Probability-Based Ranking«, In: *Machine Learning*, Jg. 52, Heft 3, S. 199–215.

Rousseeuw, Peter J. (1987): »Silhouettes – A graphical aid to the interpretation and validation of cluster analysis«. In: *Journal of Computational and Applied Mathematics*, Jg. 20, S. 53–65.

Ruppert, David; Wand, M. P.; Carroll, Raymond J. (2003): *Semiparametric regression.* Cambridge.

Schmidt, Rudolf; Gergs, Hans-Joachim; Pohlmann, Markus (2002): *Managementsoziologie. Themen, Desiderate, Perspektiven.* München.

Schroeder, Wolfgang; Kallas, Victoria; Greef, Samuel (2008): *Kleine Gewerkschaften und Berufsverbände im Wandel.* Düsseldorf.

Seyda, Susanne (2004): *Trends und Ursachen der Höherqualifizierung in Deutschland.* Institut der Deutschen Wirtschaft Köln. (IW-Trends, 2). Online verfügbar unter http://www.iwkoeln.de/Portals/0/pdf/trends02_04_5.pdf, zuletzt aktualisiert am 12.09.2007, zuletzt geprüft am 06.08.2008.

Statistisches Bundesamt (2003): *Klassifikation der Wirtschaftszweige.* Wiesbaden.

— (2007): *Gliederung der Klassifikation der Wirtschaftszweige. Ausgabe 2008 (WZ 2008).* Arbeitsunterlage. Wiesbaden.

— (2008): *Statistisches Jahrbuch 2008. Für die Bundesrepublick Deutschland.* Wiesbaden.

Steinkühler, Franz; Bleicher, Sigfried (Hg.) (1988): *Zwischen Aufstieg und Rationalisierung. Die Angestellten.* Hamburg.

Thomas, William I.; Thomas, Dorothy Swaine (1928): *The child in America. Behavior problems and programs.* New York.

Tietel, Erhard (2006): *Konfrontation – Kooperation – Solidarität. Betriebsräte in der sozialen und emotionalen Zwickmühle.* Berlin.

ULA (2007): *Führungskräftestudie 2007. Die berufliche, wirtschaftliche und soziale Lage der Führungskräfte der privaten Wirtschaft und ihre politischen Vertretungsbedürfnisse.* Berlin.

VAA (2000): *Manteltarifvertrag für akademisch gebildete Angestellte in der chemischen Industrie.*

— (2005): *Jahresbericht 2004/2005.* Köln.

— (2007): *Jahresbericht 2006/2007.* Köln.

— (2007a): *VAA-Vorsitzender Dr. Fischer: Gewerkschaft ist nicht gleich Gewerkschaft!* Pressemitteilung vom 15.11.2007. Köln. Online verfügbar unter http://www.vaa.de/index.php?eID=tx_nawsecuredl&u=0&file=fileadmin/Inhalte/Pressemitteilungen/gewerkschaft.pdf&t=1218703148&hash=153f5b4b553a84eed5ebca2004c95852, zuletzt geprüft am 13.08.2008.

— (2008): Jahresbericht 2007/2008. Mai 2007 bis April 2008. Köln.

— (2008a): *Was macht der VAA?* Online verfügbar unter http://www.vaa.de/ index2.php?option=com_content&do_pdf=1&id=44, zuletzt aktualisiert am 23.06.2008, zuletzt geprüft am 23.06.2008.

VCI (2007a): *Chemiewirtschaft in Zahlen 2007.* Frankfurt am Main.

— (2007b): *Die 20 umsatzstärksten deutschen Chemieunternehmen (2006).* Online verfügbar unter http://www.vci.de/default2~cmd~shd~docnr~94490~rub~735~tma~875~nd~.htm, zuletzt geprüft am 3.3.2009.

— (2007c): *Die chemische Industrie in Deutschland.* Stand August 2007.

— (2009): *Fachkräftemangel: (K)ein Thema für die Chemie? Fakten und Standpunkte. Februar 2009.* Online verfügbar unter: http://www.vci.de/Presse/Fakten_und_Standpunkte/default2~cmd~shd~docnr~123250.htm, zuletzt geprüft am 17.02.2009.

Wagner, Alexandra (2000): »Arbeiten ohne Ende? – Über die Arbeitszeiten hochqualifizierter Angestellter«. In: Institut für Arbeit und Technik (IAT) (Hg.), *Jahrbuch 1999/2000.* Gelsenkirchen (IAT-Jahrbuch).

— (2008): *Führungskräfte und AT-Angestellte im Wandel der Firmenkultur: Leistungsanforderungen, Arbeitsbelastungen, Arbeitszeit und Work Life Balance.* Veranstaltung vom 18.06.2008. Düsseldorf. Veranstalter: Hans-Böckler-Stiftung; IG BCE. Online verfügbar unter http://igbce.de, zuletzt geprüft am 19.00.2009.

Wendt, Markus (1999): *Managementprinzipien und ihre Zusammenhänge mit Arbeitsorientierungen und Arbeitsverhalten.* Frankfurt am Main.